少儿·阅读写作策略丛书

YUEDULI ZHISHI DUWU DE YUEDU CELÜE

阅读力

知识读物的阅读策略

[加] 阿德丽安·吉尔 著

朱永新 王 林 主编 岳 坤 副主编

王 威 译

接力出版社
Publishing House

桂图登字：20—2013—090

图书在版编目（CIP）数据

阅读力．知识读物的阅读策略 /（加）阿德丽安·吉尔著；朱永新，王林主编；王威译．—南宁：接力出版社，2017.8（2024.4重印）
（少儿·阅读写作策略丛书）
书名原文：NONFICTION READING POWER
ISBN 978-7-5448-4974-6

Ⅰ．①阅…　Ⅱ．①阿…②朱…③王…④王…　Ⅲ．①阅读课－小学－教学参考资料　Ⅳ．①G624.233

中国版本图书馆CIP数据核字（2017）第181104号

责任编辑：李雅宁　孔　倩　　封面设计：许继云　　美术编辑：王　雪
责任校对：高　雅　　责任监印：刘宝琪　　版权联络：王彦超
社长：黄　俭　　总编辑：白　冰
出版发行：接力出版社　　社址：广西南宁市园湖南路9号　　邮编：530022
电话：010-65546561（发行部）　　传真：010-65545210（发行部）
网址：http://www.jielibj.com　　电子邮箱：jieli@jielibook.com
经销：新华书店　　印制：中煤（北京）印务有限公司
开本：710毫米×1000毫米　1/16　　印张：14.875　　字数：200千字
版次：2017年8月第1版　　印次：2024年4月第6次印刷
印数：23 001—26 000册　　定价：39.80元

质量服务承诺：如发现缺页、错页、倒装等印装质量问题，可直接联系本社调换。
服务电话：010-65545440

丛书序

在读写中思考与创造

纵观十几年来世界各地的教育改革，无不是把阅读力的培养放在重要位置。国际上针对全球四年级的PIRLS（国际阅读素养进展研究）和高中二年级的PISA（国际学生评估项目）考试，测试的重点也是在阅读力上。近年来，国际教育界看到了写作在帮助学生获得成功上的巨大作用，更是把关注重点从阅读力过渡到写作力。

其实，阅读和写作本来就是密不可分的。“学而不思则罔，思而不学则殆”。说的就是阅读与写作的关系。阅读是站在大师的肩膀上前行，写作是站在自己的肩膀上攀升。写作是阅读的自然成果，也是真正思考的开始。

阅读力是思考力。语言是思维的工具，而阅读正是用语言去“破译”文字背后的意义，阅读的重要作用是触发学生的思考。但是，由于中文的特殊性，加上长期的教学惯性，我们的语文教学仍以背诵和记忆为主要手段，很少教“思考”。

写作力是思考力。阅读是输入，写作是输出，都能促进思考。作品的优劣往往取决于作者思考的广度、深度和创意。但是，由于我们的语文写作教学不进行思考练习，加上对优美语句的过度重视，学生写出的作文最常见的问题是内容不清，逻辑不明，表达不畅。

思考力是创造力。一个思考力很弱的人，在任何领域都不会取得太高的成就。人工智能已经大踏步地“入侵”人类的思考领地，但是，我们应该看到，入侵的主要是在计算机等领域，未来人类值得骄傲的仍然是思考力、美感力和创新力。

这么多“力”合在一起，构成了这套丛书想表达的主要意思：阅读力、写作力、思考力和创造力，如同人的大脑中的四个齿轮，相互促进，相互作用。所形成的思考力和创造力，正是语文教学应该从学生的成长入手，为学生的未来奠基，教给孩子的带得走的能力。

以上就是翻译这套书的初衷，是我们长期观察语文教学，推进新教育实验的过程中迫切需要解决一些问题而引进的。阅读力、写作力的培养要靠阅读策略和写作策略的训练。为什么要学习读写策略？有哪些读写策略？如何教授读写策略？效果如何评估？有没有可以简便易上手的做法？这些内容都将在这套书中一一呈现。

为什么要学习读写策略？我觉得有三点重要原因：一、在强调传统教学的同时，也强调教学的变革。国际上的阅读教学在阅读材料和教学方法上，已经发生深刻变革。例如，在阅读材料上，童书越来越成为教学的重要内容；在教学方法上，讨论和思考越来越成为教学的重要内容。从PIRLS等的阅读测试题目也可以看出，除了一些简单的“直接提取信息”的题目外（谁？什么地点？什么时间？什么事？），越来越多地考查学生的高层次思维的能力，特别是批判性思考和创意思考的能力。二、在强调阅读量的同时强调阅读的“质”。学生的阅读需要一定量的积累，但不是读得越多，阅读能力就自然提升。很多学生读过不少书，但却不会思考。研究已经表明，阅读策略需要教才能获得。三、在强调快乐阅读的同时，也关注有难度的阅读挑战。在儿童阅读的起步阶段，多谈些“兴趣”“快乐”是没问题的，但过度强调或一直强调，则易使学生倾向于读简单的书，稍有难度则放弃。正是这种原因，导致了不少小学生到毕业之时，还是以阅读图画书和漫画书为主，迟迟不能读文字书。

有哪些读写策略？国际上谈论的读写策略，和我们语文教学中常谈到的“阅读方法”“阅读技能”不太一样，读写策略是以理解为核心，以思考为着力点，帮助学生寻找文本信息、获得意义的方法和技巧。研究发现，熟练的读者都运用了有效的阅读策略帮助他们理解文字。读写策略有多少种，不同的专家有不同的说法。本套书的作者将其归纳成五种，分别是：联结、提问、图像化、推测和转化。首批推出的这三本书都是围绕这五大策略如何在课堂上使用展开的。中国老师在教学时，一些传统有效的重要策略仍应该保留，例如，做笔记的策略、摘要的策略，归纳主旨的策略。

如何教授读写策略？首批出版的这三本书的作者来自加拿大的一线教师，实用是本丛书的一大特色。作者制作了许多表格，而且单列在书后，就是希望教师们可以直接复印下来使用。针对我们的语文教学情况，在教授读写策略时，教师们可以参考如下步骤进行：教师解释并示范读写策略——学生合作练习，领悟读写策略——学生独立练习，使用读写策略——学生熟练掌握，将读写策略应用于真实的阅读环境。需要注意的是，一项读写策略的运用自如，需要时间累积和反复练习。

读写策略的重要性已经越来越被国内语文教育界所认识，在新版的语文教材中还编写了关于读写策略的单元。对大部分教师而言，读写策略还是新鲜事物，这套书的出版可谓及时雨。

这套书的出版经历了不短的时间。2012年新阅读研究所就开始规划一套“新阅读译丛”，第一批拟推出两个系列，一个是以赫希教授的“核心知识”为主题的系列，一个就是这次以读写策略为主题的系列。前者已经在福建教育出版社出版，后者由接力出版社出版。这套读写策略原版书五年前即从国外购回，并组织翻译。其间，新阅读研究所和出版社都经历人员变动，加上对译稿反复打磨，耽误了一些时间。幸亏有王林和岳坤力促此事，才毕五年之功，得以和各位读者见面。

“他山之石，可以攻玉”，希望这套引进的读写译丛，能让老师们窥国外语文教学之一豹，更希望老师们能在课堂上把读写策略教起来。同时，“新阅读译丛”是一个开放的文库，欢迎大家给我们推荐优秀的国外相关图书，我们将及时组织翻译，介绍给国内的读者。

朱永新

2017年8月1日

前言

> 如果在教学过程中没有学到知识，你就不是在教学。
>
> ——弗兰克·麦考特

大约二十年前，当我从大不列颠哥伦比亚大学毕业时，我为自己成为一名真正的教师欣喜若狂。在学校，我花费大部分时间学习，积累了一定水平的知识量，我理所当然地认为我了解到了需要了解的每样知识。然而到现在，拥有许多年的教学经验后，我意识到：自己在第一年自豪地站在学生面前时是多么的无知。我仍然视自己为一名教师，但我的首要身份是一个学习者。自从开始从事这项伟大的职业，我就踏上了不断学习的旅程。的确，我可能了解一些学生并不知道的知识，但是，通过与学生的接触，通过阅读、与同事的对话，以及参加专题研讨会，通过反思自己的工作，我不断地学到许多与工作有关的知识。在为教师组织专题研讨会时，我始终希望他们在离开时不仅能够得到许多能在课堂上运用的实用方法，也能够在阅读理解方面经历思维上的转变，在他们自己的学习旅途上有所进步，哪怕只是一点点进步。撰写本书正是我鼓励这种学习之旅的方式。

七年前，在一次教职工会议上，我需要在五分钟内向我的同事展示阅读理解教学的重要性。我刚刚阅读过斯蒂芬妮·哈维（Stephanie Harvey）和安妮·古德维斯（Anne Goudvis）的著作《实用策略》（*Strategies That Work*）。基于这本书中的一些创意，我提出一种观点：作为教师，我们如何切实地将一些关键概念落实到我们的扫盲计划中。我不仅需要告诉我的同事们，教授阅读理解的重要性，也需要向他们展示哪种方式是最简单、最实用的。如果我罗列出八种或十二种策略，告诉每个人他们应该这样教授，我想教师们并不会太“买账”。因此，我选择五种策略，我相信这五种策略可以成为起点。“五”似乎是一个合理的数字，将这五种策略分解开来意味着大约每两个月集中讲解一种策略。《阅读力：知识读物的阅读策略》就是这样诞生的。

使用图画书教授阅读策略一年后，我们提出了这样的问题：“知识读物应该如何教授？面对知识类读物时，我们应该使用相同的策略吗？”我必须问自己：分析知识读物时，我的大脑运用的方法与分析文学作品时运用的方法相同吗？提问、联结、推测可能是我使用的策略，但是，其他策略对于我们理解知识类材料似乎也是必需的，而它们正是我们在文学作品中没有关注的策略。我回顾之前的研究，仔细观察我们的获取信息的阅读省级绩效标准。我注意到，过去，我们在阅读文学读物时没有注意到的两种策略似乎正是获取知识类文本信息的主要策略：帮助学生识别并解释知识类文本的特点和风格；帮助学生学习确定某个段落的重点或中心思想。

本书的重点在于帮助学生找到知识类读物的意义。《阅读力：知识读物的阅读策略》开篇概述了课堂中运用的阅读力、基于阅读力进行的研究及其三个主要组成部分：阅读策略模型、参考书目及讲解方法。接下来的章节为理解知识类读物提供实用策略，具体深入了解五种策略或“阅读力”：推进、提问/推测、确定重点、联结和转化。

约翰·A.谢德（1928）曾经写道：“停泊在港湾中的船只固然安全，但那并不是建造船只的目的。”与许多教师一样，我也倾向于不断地从过去对于我十分受用的方法中挑选已经尝试过的、真实的教学单元。与许多教师一样，我也更愿意使用自己喜欢的旧方法教授反复教过的教学单元实例。即使在五年前，这也好比停留在令人舒适的港湾区，比去知识类文本理解的处女地更加容易。然而，自从那时起，对于知识类文本的理解就在我的教学地图上找到了永久的驻地。我鼓励你们去处女地冒险，和你们的学生一起在知识读物的奇妙世界中探索。

祝你们学习愉快！

目录

从书序　在读写中思考与创造　/1

前言　/5

概述　/1

一、什么是理解　/2

二、我的阅读故事　/5

第一章　什么是知识读物的阅读策略？　/9

一、知识读物的阅读策略　/10

二、如何运用知识读物的阅读策略　/15

三、什么是知识读物　/16

第二章　知识读物的阅读策略有哪些？　/28

一、在头脑中看到阅读策略　/28

二、知识读物参考书目　/36

三、不同主题的阅读参考书目　/39

四、知识读物阅读策略　/72

第三章　推进　/78

一、什么是推进？　/79

二、学习推进策略的参考书目　/80

三、学习推进策略　/81

第四章　提问和推测　/ 98

一、从提问到推测　/ 100
二、介绍提问策略　/ 101
三、深层问题参考书目　/ 103
四、学习提问策略　/ 104
五、介绍推测能力　/ 113
六、学习推测策略　/ 116

第五章　确定重点　/ 131

一、关于文本结构　/ 132
二、怎样确定重点　/ 134
三、确定重点参考书目　/ 136
四、学习提高确定重点能力　/ 137

第六章　联结　/ 162

一、将联结带回文本　/ 164
二、介绍联结策略　/ 166
三、联结参考书目　/ 168
四、学习联结策略　/ 169

第七章　转化　/ 182

一、介绍转化策略　/ 183
二、转化策略参考书目　/ 186
三、学习转化策略　/ 188

第八章　应用和评估　/ 199

一、制订学习计划　/ 199

二、评估　/ 204

结语　/ 217

译后记　/ 219

什么是虚构？

（按照“两只老虎”[1]音调演唱）

什么是虚构？什么是虚构？
并非真实。并非真实！
大象在飞翔，
北极熊在驾驶——
并非真实。并非真实！

有趣、吓人；魔鬼、仙子，
还有冒险。还有冒险！
人物和背景，
开始和结束——
并非真实。并非真实！

什么是非虚构？什么是非虚构？
可是真实？的确真实！
事实和信息
但是没有想象
的确真实。的确真实！

表格和标签，网络图和图表。
文字说明。文字说明！
青蛙、昆虫、栖息地，
星球、天气、鲸鱼、蝙蝠
的确真实！的确真实！

---

① 原文为 Frère Jacques，雅克兄弟，又译为两只老虎。——译者注

概述

在我成长的年代里，“理解”这个词总是与理解问题相关联：“阅读本章节，然后回答问题。”理解是我们的行动，不是学到的知识。在学校，阅读的目的是找到正确答案。“如果你不明白如何得到正确答案，别害怕，只要继续练习就好！对于你来说，得到错误答案的机会更多！”阅读理解的学习与任何学习都相同，如果不对“巧”进行说明，熟则不能生巧。我的老师没有教给我如何理解我所阅读的材料；只要我能够阅读词汇，我就被视为可以阅读的阅读者。

悲哀的是，我将这种误入歧途的理解概念带入了我的早期教学，继续向我的学生“布置和评估”与阅读理解相关的问题。当我的学生做得不好时，我当然会感到不高兴，但是我采用了我自己的老师的办法——将问题返还给学生，要求学生进行修改。我带着某种程度的尴尬之情反思这种荒诞的情形。我当时在想些什么？学生能够通过第二轮修改在某种程度上神奇地找到正确答案吗？幸好，过去二十年的研究引导教育者意识到理解并非我们所“为”，而是我们所“教”，而且，在阅读理解学习中教师明确的指导应该先于学生的独立实践。

一、什么是理解

二十余年来，教育研究界一直在寻找方法，试图确定优秀的阅读者在阅读过程中的行为。P. 大卫·皮尔森通过密歇根大学进行广泛研究，他确定熟练的阅读者会使用具体策略理解他们所阅读的材料（皮尔森&加拉赫，1983）。在过去的几年里，随着教师对阅读理解过程中明确指导重要性认识的加深，这几种阅读策略已经逐渐进入课堂。这些基于理论研究的阅读策略使阅读者更好地参与到阅读当中，与文本互动，以实现理解。虽然许多熟练的阅读者自然地或潜意识地使用这些策略，但是研究指向一种更加有意识的或元认知[①]的方法，运用这样的方法，阅读者能够学习到如何更加清楚地意识到自己的思考，并且能够“研读文本”。与学习阅读策略同样重要的是培养“思考语言”，以能够表达所使用的策略，以及策略如何帮助理解文本。

熟练的阅读者使用的策略：

优秀的阅读者具有元认知能力——他们能够意识到以下策略，能够使用并表达出这些策略，以达到与文本互动的目的。

1. **联结**。积极的阅读者能够在阅读过程中借鉴背景知识和个人经验，以帮助确立文本含义。
2. **提问**。积极的阅读者在阅读前、阅读中和阅读后能够同时提出基于文本的问题和扩展问题，以使理解变得更加透彻、深入。
3. **想象**。阅读过程中，积极的阅读者能够在脑海中创建很多感官形象，以帮助理解文本。
4. **推测**。积极的阅读者知道并非所有信息都包含在一个文本当中，

① 元认知，即对认知的认知，具体地说，是关于个人自己认知过程的认识和调节这些过程的能力——对思维和学习活动的认识和控制，又译为“监控理解”。——译者注

基于文本证据，他们能够猜测和推测接下来将要发生的事情。

5. **确定重点**。积极的阅读者能够筛选文本信息，以挑选具有重要含义的部分，选择需要记忆的内容，并确定优先阅读的内容。

6. **分析与综合**。积极的阅读者既能够将信息分解，也能够基于文本和阅读者自己的思考得出结论。

7. **监控理解**。积极的阅读者能够意识到理解何时受到影响，并能够停下来，回过头去重新阅读，以实现理解。

（基于P. 大卫·皮尔森的研究）

研究表明，对于少数的学生来说，理解能力是一种自然的阅读结果。

阅读指导领域的许多教育者都将他们的实践建立在大卫·皮尔森研究的基础上，其中包括斯蒂芬妮·哈维、安妮·古德维斯、黛比·米勒和艾琳·基恩。他们的研究反映出理解的复杂性，亦反映出理解是阅读的一个方面，独立却又同样重要。“阅读需要双管齐下。阅读包括破解字母含义和重新思考以获取文章的意义”（哈维 & 古德维斯）。第4页的图示将阅读分解为两个领域：解码和理解。总体来说，教授解码策略是初级阶段阅读指导的重点。绝大多数指导时间用于帮助学生学习字母、发音、组合、词尾、音节如何组合成词语和词语如何组成句子等。学生完成初级阶段后，通常认为他们已经学到使他们阅读文本词语的技巧和策略。但是，具有解码能力是否等同于成为阅读者？我知道我们许多教师课堂上的一些学生已经发展成为我所提到的“解码大师”：他们虽然正在“阅读”文本中的词语，但是却没有参与到文本当中。那些学生在阅读过程中没能意识到，学习阅读并不仅仅局限于能够读出词语，而是要理解那些词语的含义。

理解与解码相同，两者都是学习阅读的重要方面。然而，花费在“教授”理解的指导时间是否与教授解码的时间相同？对于我们的大多数时间来说，答案是否定的。但是，如果学习阅读既要求说出文本内容的含义，又要求理解词语的含义，那么我们就需要在教学过程中两者兼顾。本书十分明确地集中讲解我们如何教授学生什么是理解，以及他们如何能够更好地参与到他们阅读的文本当中，以找到含义。

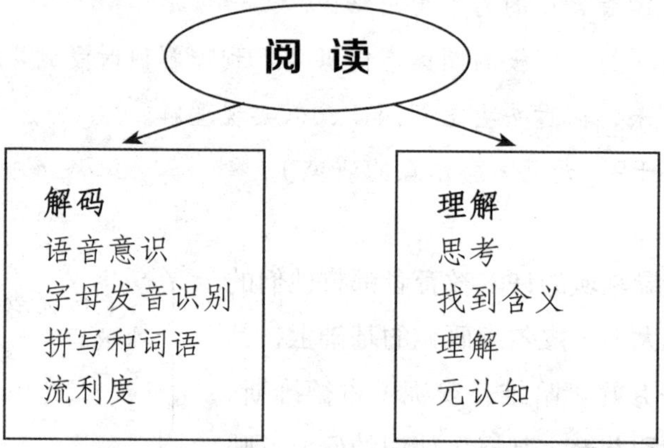

当我的大儿子上二年级的时候，我在秋末接到了学校打来的电话：“阿德丽安，我们有些担心斯宾塞的阅读。”任何一个家长接到这样一个电话，都会感到十分恐惧。（因为，我在学校是一位读写指导老师，但是对儿子的阅读竟然毫无帮助！）但是，对斯宾塞被称为“挣扎的阅读者”，我并不感到惊讶，因为每天晚上我都能够听到他在沙发上“挣扎”。斯宾塞与“解码大师”相反，他挣扎于文字之中。每日客厅内的阅读都是痛苦的经历。有时，我也会专注于文字，他总是无法正确发音，我能感觉到他的挫败，同时我也要抑制自己内心的欲望，不让自己大喊：“是‘雨伞’！继续读！”当我让他指出他所认为的阅读中最困难的部分时，他回答道：“妈妈，我只是不太流利。”

对斯宾塞来说，进入文本世界是令人愉快的安慰。虽然解码对他来说的确是挑战，但是他意识到自己能够远离文本表面而深入到自己的思考当中，这不仅帮助他获得成就感，也使他意识到阅读不仅仅与书面文本有关，也与他头脑中的内容有关。我认为，“挣扎的阅读者”这一标签无法真实反映出斯宾塞的世界。他是一个挣扎的解码者，但却不是一个挣扎的思考者。就好似书面作品并不总是认知能力的反映，解码能力也不能完全反映理解能力。对于我们所有人来说，这或许都是重要的一课。

二、我的阅读故事

儿时的我热爱阅读。我如痴如醉地阅读《贝奇和比利》、“小房子系列”图书、《友好家庭的幸福生活》、《贝丝》、《泰西和蒂布》、《夏洛的网》，以及易妮德·布莱顿、罗尔德·达尔和阿斯特利德·林格伦的作品——我不止一次听到别人将这些书归类为“女孩读物”。

我记得小学图书馆——一个安静的图书馆里面有一个区域十分诱人，在那里，无论书架还是书篮都摆满了小说，连续几排金属书架也摆满了小说；阳光流淌入窗；还有柔软、舒服的沙发和色彩鲜艳的靠垫。当教师兼图书管理员斯特林夫人为即将出现在书架和旋转架上的书籍做讲解时，我早已按捺不住自己激动的心情。然而，图书馆有一部分并不能吸引我：知识类书籍。在我的记忆中，图书馆的那个区域既没有窗户，也没有靠垫——只有整架的图书，那些书太难，我无法读懂。小学时期，知识读物在我的脑海中是摆在图书馆阴暗角落的硬皮书，是描述某种昆虫、恐龙、哺乳动物或古埃及的一类书，有时也会偶尔摆上一本适合三至五岁儿童阅读的圣诞节手工艺品书。知识类读物是色彩暗淡、满是灰尘的书，以及诸如不列颠百科全书中那些令人望而生畏的信息。我回顾过去，无论文本本身还是阅读环境，知识类读物都是图书馆中“黑暗的边缘”。当然，那里并不是我常去的地方。

> 这种知识读物仅仅包括报告写作，尤其是动物报告，这是全国成千上万教师都喜爱的文体，但是这个定义过于局限。这些教师的确在研究知识类文本，但是这种报告写作仅仅是知识类文本的一小部分。
>
> ——托尼·斯特德

有一天，我的三年级教师拉比尔夫人宣布我们将着手一个“动物研究项目”。她解释说，我们将会在图书馆与斯特林夫人一起研究。我随即感到一丝不适，因为我知道这无疑意味着我将要经常拜访“黑暗的边缘”。然后，拉比尔夫人围绕每排书桌来回走动，手上托着紫色的天鹅绒帽子。我的每位同学都将手伸到这顶帽子中，抽出一张折叠的白纸，上面写着一个动物名称。随着同学们将纸张打开，我的期待也逐渐增强，他们兴奋地宣布着动物名称：熊猫、马、花栗鼠、美洲豹。其他同学抽中的动物是可爱的、毛乎乎的、令人兴奋的，或是这些特点的结合体。而我从紫色天鹅绒帽子中抽出的动物却既不可爱，也不毛乎乎，更不令人兴奋。我安静地坐在那里，注视着白色纸条上的文字。坐在我后面的男生眼神掠过我的肩膀，盯着我的纸条大声说：“犰狳是什么?！”拉比尔夫人解释道，研究的迷人之处就在于它使你获得你完全不了解的知识。我并不希望得到任何关于犰狳的知识。我身后的男生随后低声说道：“你的动物很丑。”于是，我安静地坐在书桌旁，开始哭泣。

回到二十年前，我自己的四年级教室。图画书和小说陈列在架子和窗台上，墙上粘贴着纽伯瑞奖获奖图书的海报，窗下是温暖的阅读角，那里有靠垫和沙发。我甚至有自己的金属旋转架，那是我在图书馆翻修时抢救出来的。小说遍布教室的每个角落。知识类读物却十分稀少。它们被塞到一个贴着“知识读物”标签的桶里，这个名词并不容易理解。我每日大声朗读的材料都来自文学作品：图画书或一本小说的几个章节。我的春季作家研究也是关于文学作品的作家：凯文·亨克斯、杰斯·阿波罗和克里斯·凡·艾斯伯格。我每日的阅读活动都围绕着文学作品。

而现在，每一学年的第二学期期末临近时，我都会开始为展示一个不平衡的教学计划而感到内疚。我马上去询问我的同事和朋友、教师兼图书管理员艾米·伍，向她预定一段时间，为学生们讲解他们比较期待的单元：北极动物研究报告。因为我们正在研究因纽特人，所以这与极地地区的动物有着明显的关联。我运用与拉比尔夫人相似的方法开启这个令人兴奋的旅程：在白色小纸条上仔细地写下所有极地动物的名称

（北极熊、北极狐、驯鹿、旅鼠），将纸条折叠后放入倒置的棒球帽中。我用极大的热情向我四年级的学生们宣布：我们即将开始向研究者的世界开启令人异常兴奋的旅程。

每个孩子都迫切又兴奋地从帽子中抽取他们的动物名称。抽中旅鼠的学生看起来有点失望和困惑。

“怎么了？”我问道。

“我不知道什么是旅鼠。”

“好吧，”我尽量模仿拉比尔夫人的口吻回答道，“这就是研究的迷人之处。你会发现关于你完全不了解的动物的一些知识。”我们的大部队向图书馆进军。我们将所有关于极地动物的书从书架上拿下，陈列在书桌上。大多数书对我四年级的学生来说颇有难度。我将自己对这些动物的研究文件取出，将通常大小的笔记记录纸复印二十八张，纸上列出五个研究标题：描述、食物、敌人、栖息地和有趣的事实。（“如果你不知道将哪些信息记录在哪个标题之下，你可以将它们记录在有趣的事实部分。”）

学生们利用接下来的几周时间学习记录他们抽取的动物的信息。我的确记得曾经教授过他们记录的技巧，然而，我并不记得教授过他们任何有关阅读和理解文本特点、寻找中心思想和联结背景知识的方法。几周过后，所有学生都将他们搜集的信息编写成了五个段落，罗列在五个带有下划线的标题下方：描述、食物、敌人、栖息地和有趣的事实。每个学生都将报告粘贴在一张巨大的彩纸上，制成海报，上面包括动物的明细图，这通常比做一份报告需要花更多的时间和精力。学生们在全班同学面前大声朗读报告，然后我十分荣幸地为二十七个学生针对北极神奇的动物制作的海报进行评分。最后，我终于能够毫无内疚感地回到我的教室，畅游在小说的世界中！

读到这里，我想你们当中的许多人可能都在根据我的经历进行“联结”。尽管看起来我并不认同知识读物报告写作的定义，但事实并非如此。动物研究报告是学生学习的一个基本部分，但是，现在我认为我们需要在学生独立研究之前将重要的技巧和策略教授给他们，这会使他们拥有更具意义、更具思考性的学习经验。学习文本特点、提问、联结背景知识和寻找中心思想——这些是一切独立研究的前提。

第一章　什么是知识读物的阅读策略？

阅读力教授给学生用于理解文本的方法，这些方法使学生集中精力思考，使学生基于自己的观点、经历和背景知识找到文本含义。人们将阅读力视为一门复杂的学科——如何教授学生不仅要在阅读过程中认真思考，也要使用恰当的语言表达出自己的想法。

阅读理解和元认知在许多课堂、教学和学校地区已经成为焦点：学校倡议围绕它展开，专业书籍围绕它撰写，全部课程以它为基础，出版公司也在以它们为基础出版相关材料。教师们逐渐意识到，阅读不仅是一门需要在小学低年级进行教授的学科，也是一门需要在小学高年级以及更高年级继续教授的学科。他们意识到阅读理解通常不是学习如何解码的自然结果，许多教师留出明确的指导时间，教授学生如何思考，而不是思考什么。鉴于教师的这种新的见解，许多学生愈加意识到，阅读的目标不仅是认识文本的文字，还包括阅读者与文本的互动，将他们的思考与文本的内容编织在一起。

知识读物的阅读策略：

- 建立在针对熟练阅读者阅读策略的研究基础上
- 教授学生阅读就是思考

- 教授学生具有元认知能力，或意识到自己的思考
- 在你的课堂或学校确立一种共同的“思考语言”
- 教授学生五种技巧，以增强他们对所阅读的信息文本的理解：推进、提问/推测、确定重点、联结和转化的能力
- 鼓励学生在阅读信息时运用“繁忙的大脑”
- 提供一种具体的视觉工具，以帮助教授五种阅读力
- 能够用来加强你的写作能力
- 整合阅读指导和内容学习
- 在思考的氛围中提高内容学习的质量
- 将会改变你和你的学生阅读和思考的方式

一、知识读物的阅读策略

在你的学校确立一种共同的思考语言是成功进行理解指导和元认知发展的重要因素。

你选择的策略以及你在一年的教学中将要选择进行介绍的策略数目并不重要——无论是来源于由熟练的阅读者使用的策略（参见第2—3页）组成的策略列表中的策略，或是来源于阅读力中的策略，或是其他来源中的策略。

重要的是，每位教职工都能致力于将策略和“思考语言”整合到他们的日常实践中。在不同年级创建一种共同的语言，对儿童阅读者的发展十分有益。

我们将集中了解五种策略，以帮助学生理解知识读物或信息文本。

- **推进**：积极的阅读者能够识别和确定知识读物的特点，并对其进行解释。
- **提问/推测**：积极的阅读者提出问题、做出推测，以加深自己对知识读物的理解。
- **确定重点**：积极的阅读者能够在知识读物中找到中心思想。
- **联结**：积极的阅读者能够通过联结自己的经历和背景知识以

增强自己对知识读物的理解。

- **转化（或综合）**：通过阅读知识读物段落，积极的阅读者能够识别自己思考、感知或视角中的变化。

对于知识读物，以怎样的顺序教授策略十分重要。知识读物要求阅读者根据文本特点和具体目的寻找信息，因此，教师在一开始就将这种策略介绍给学生就显得十分重要。知识读物亦建立在调查以及知识的学习和扩展基础之上，因此，阅读者需要通过提出问题、问题引导、聚焦阅读来打好基础。确定重点是教师教授的下一个策略。这个策略是必不可少的，因为学生只有在确定文本的内容之后，才能参与文本互动，对文本做出解释推进。与个人经历和背景知识建立联结有助于读者扩展思维以寻求意义，获得新的理解。转化将作为文本和思考的最终整合加以介绍。

1.阅读者就是思考者

进入思考阶段（参见第12页）是一种视觉呈现，其所呈现的内容是阅读经验策略从静态到动态的过渡。任何线性图表都有其缺点，这个也不例外。思考并不是线性的，而是在不同层面来回反复地流动。但是，这个图表并不是为了呈现文本和阅读者是思考者这一动态过程。白色空间是阅读者的阅读过程，阴影区域将阅读者作为思考者呈现。基于此，在静态阶段——一位教师倾向于花费大量时间集中指导的阶段——阅读文本超越了思考，占主导地位。这并不意味着总结或寻找中心思想不需要思考，只是这个阶段的解释重点在于文本本身。解释、确定重点、复述和故事叙述是对文本的静态解释。这些是读者理解文本内容的最基本技巧；然而，对于许多教师来说，它们代表了阅读课的最终目的。一旦确定中心思想，他们便开始下个章节的讲解。这些技巧固然重要，但是对我而言，寻找中心思想和概括的行为只是解释文本的开始，而非结束。

进入思考阶段

文本	静态阶段	互动阶段	解释阶段
	文本特点 摘要 确定重点 复述/讲述 开始—中间—结尾	提问 联结 想象 推测	转化 综合 批判性思考

阅读者作为思考者

这个图表向我们展示了我们下一步应该引导学生进入的阶段：我们需要将他们的思考拓展到文本内部。正如图表所展示，在阅读的互动阶段，阅读者的思考与文本本身同样重要。中间阶段是我们开始教授学生如何将自己的思考添加到文本当中，以增强理解含义的阶段。在理解的最后层面，文本本身不再起任何作用。最重要的是阅读者对文本的思考、思考、再思考。很明显，一旦阅读者进入解释阶段，阅读者的想法就会变得比文本本身更加重要。

> 打下思考的基础，使他们（学生）整合内容与思考。
> ——大卫·帕金斯

我回想自己最初进入思考阶段图表第一栏时的状态。在学生时代，我很好地掌握了如何总结文本，因为教师给予我们大量机会掌握这一策略。我记得如果我将自己的想法添加到教师布置给我的总结中，我就会被扣分。我不记得教师曾经教授我们如何推测；然而，到了高中，这却成为我们应该知道的内容。进入解释阶段图表能够提醒我我想要带领学生进入的阅读阶段。我不再满足于只让学生们总结或告诉我某个文本的中心思想，而是要求他们通过向文本中添加自己的思考，根据那些信息更深入地理解文本。当他们总结出文本内容时，课堂并没有结束；只有当他们弄清楚自己对文本的想法时，课堂才真正结束。

2.从阅读到倾听再到思考

在2006年，我所在地区发布了一份新的语言类课程大纲。课程大纲内容是围绕识字过程，而非目的或结果。大纲尤其强调口语表达是阅读和书写的基础和跳板。作为我们学区的读写指导教师，我负责的一部分是帮助教师理解课程大纲的结构。在深入研究这些文件的过程中，我经历了意义深远的“啊哈”时刻①。在阅读口语表达学习成果时，我以为我翻错了页码——这些学习成果与那些罗列在读与看部分的学习成果完全相同：提问、复述、联结、想象、综合等。我想，一定是出现了错误，阅读策略一定是被穿插到了错误的位置。但是，仔细思考后，我有所顿悟。因为我们都熟知口语表达的概念包含听和说，所以我开始从产出技巧（表达、倾听和交流观点）和接受技巧（处理信息、分享信息和理解）两个方面思考口语表达。

口语表达技巧

产出	接受
· 表达	· 处理信息
· 倾听	· 分享信息
· 交流观点	· 理解

当一个人从另外一个人那里接受信息时，这一过程并不只是倾听那个人所说的内容那么简单。倾听是一个元认知过程，与阅读相似，人们在这个过程中处理信息。无论从文本接收视觉信息或从对方接收口语信息，我仍然在用同样的方式处理信息。例如，当我听某人说话时，我接收信息，并通过思考对信息进行筛选：我可能在对这个人的说话内容进

① 原文“啊哈”表示作者惊讶于她的发现。——译者注

行联想；也可能对说话人的说话内容进行思考；也可能在进行推测；那个人刚刚表达的内容也可能在使我转变我的思考，或将我的观点整合得更加清晰。所以，我针对阅读提出的策略事实上正是我在聆听过程中使用的策略。

从这个“转变了的观点”得出的结论是：阅读策略（就此而言或是听的策略）事实上是思考策略[①]。我们在阅读时思考，在听的时候思考，在写作时思考……

我们许多人会花费时间与学生一起集思广益：“一个好听众是什么样子？”这可能包括“眼神接触”“面对面”和“点头”等特点。但是，即使在实践和扮演好听众之后，一些学生虽然注视着他们的伙伴，不断点头，但是他们心里想的却是什么时候休息。

一张针对好听众归纳出的图表能够帮助学生认识到阅读和聆听之间的元认知联系。

好听众……

外部特征	心理特征
· 眼神接触 · 面对面 · 使用恰当的肢体语言 · 点头 · 使用“好主意”“有趣的观点”等表达	· 联结 · 提问 · 想象 · 推测 · 有时获得新的观点或想法 · 总结 · 记忆重要细节

在课堂练习中，引导学生自己在阅读和倾听之间建立联系。运用好

① 作者认为无论阅读还是聆听，我们都会获得信息，大脑都会进行相应的思考。因此，作者所说的元认知联系就是阅读和聆听具有的这一共性，也就是获取信息后进行的思考。——译者注

听众的特征和图表，并提到你在课堂中已经讲解过的阅读策略。我是这样激发讨论的：

阅读时，你需要思考你所阅读的内容。同样，一个好听众需要思考他人正在表达的内容。我将会倾听你告诉我的信息，在我的脑海中，我可能正在想象你所表达的内容、正在思考某些事情，或正在建立联结。是否有人对图表中的内容感到熟悉？

（指向图表右侧罗列的策略）

阅读策略为什么被罗列在这个“好听众……”图表中？也许它们实际上并不是阅读力，而是思考技巧！我不仅在阅读时思考，在聆听时也在思考。唯一的区别是信息的来源。当我阅读时，我使用自己的眼睛从文本获得信息。当我聆听时，我使用自己的耳朵从说话者那里获得信息。事实上，我的大脑在做同样的事情——思考！

如同所有出现在本书中为课堂和翻印材料提出的建议一样，你也十分有可能想要修改这个文本，使其完全适合你的课堂和学生个体。重要的是你的学生应该经历和我一样的“啊哈”意识：我们的大脑在倾听和在阅读时使用的是相同的思考策略。

一旦倾听、阅读和思考之间的联系建立起来，学生们在阅读中逐渐使用的策略会适用于大部分学习过程。珍妮丝·诺娃科夫斯基是一位经验丰富的科学顾问，她一直致力于探索提问、想象、联结、推测和转化能力能够以哪些方式被应用到科学的许多方面。卡罗尔·桑德利是一位数学顾问和备受尊敬的研究会主持人，她一直致力于加强这些思考策略和思考能力之间的关联。

二、如何运用知识读物的阅读策略

阅读力由三个重要部分组成：

1.阅读力模型代表阅读力的元认知部分，是为学生提供阅读和思考内容的“整体情况”的重点。

2.知识类读物参考书目是你将要使用的文本，它们增强了选择合适的示范用书、教授和实践练习这几种策略的重要性。

3.最重要的是教授方法：如何在课堂上实际教授这些策略。

第三章至第七章将会带你深入了解每种知识读物的阅读策略。每一章都将使你深入了解关于如何向你的学生介绍一种策略和建议。一系列以教师为导向的、独立的课程将带你经历示范、引导和独立实践的每个步骤。你还将看到课堂中可以使用的学生样本、可复制图表和模板。

三、什么是知识读物

> 超过80%的课堂书籍属于文学作品范畴。考虑到我们在课外进行的大约80%的阅读都针对知识读物，不难发现二者之间的脱节。
>
> ——斯蒂芬妮·哈维

第一次阅读左侧引文时，我十分震惊。最初的震惊过后，我开始怀疑引文的准确性。引文的第一部分的确描述了我的课堂，但是恕我直言，我十分怀疑第二部分的准确性。我从不选择阅读知识读物，摆满我的客厅书架的所有书都是小说。我十分确信斯蒂芬妮·哈维是错误的（虽然她是我最尊敬的人），所以，我认为我有责任给她写信，告诉她我是个例外。

谢天谢地，我从未写这封信，因为我发现我对“知识读物”到底是什么的错误看法已经将我引入歧途。文学读物和知识读物基本相同，这种最错误的观点从儿时便开始伴随我——它们之间的唯一区别在于文学读物是非真实的，知识读物是真实的。但是，我现在意识到知识读物并不仅仅是描述事物的文本，它也不能与文学读物“相提并论”。如果文学读物是“故事”，那么知识读物便可以被定义为“非故事”，也就是除故事以外我们阅读的任何文本。

托尼·斯特德描述了他进行的一项实验，实验试图确定他在一天之内阅读的文学作品多还是知识读物多。我也尝试了同样的实验，在24小时之内记录每个眼神与文本接触的经过：从麦片包装盒上的原料、简报到新的棋盘游戏说明等任何文本。结果十分惊人——在我的眼睛与文本接触的四十六次过程中，四十二次可以被归入知识读物范畴。如果我不是教师或家长，文学作品的比例甚至会更低。在这次实验之前，我虽然一直视文学作品和知识读物为不同文本，但是却认为它们在阅读世界里具有同等价值。下面的图表列出了两种文本的类型，它清楚地表明文学作品和知识读物并不平等——至少在出现频率方面。知识读物占据了我们的阅读世界的大部分文本。

24 小时内的阅读

文学作品	知识读物	
· 虚构类叙述	· 配方	· 传记
· 童话	· 说明手册	· 目录
· 民间传说	· 地图	· 订货单
	· 菜单	· 申请
	· 程序	· 简历
	· 简报	· 写给编辑的信件
	· 指示牌	· 处方药瓶标签和专著
	· 杂志	· 表单
	· 报纸	· 叙事类非虚构文本
	· 传真	· 广告和手册
	· 电邮	· 招聘广告
	· 食物包装上的原料	

斯蒂芬妮·哈维绝对是正确的——我们在学校以外进行的大部分阅读都属于知识读物。那么，我为什么花费如此多的时间教授学生阅读和写作故事？新的学习对我的实践有什么帮助？当然，我花费更多时间教授学生如何阅读和理解知识读物的，此外，也帮助他们意识到，知识读物的世界不仅是我们在图书馆中看到的书籍，而是我们阅读的、非故事类的所有文本。

过去，如果有人要求我估算我在课堂中分别花费在知识读物和文学

> 我热爱这一事实：做我们这一行的每年都有重新开始的机会。我总是将其视为反省自己实践教学的新机会，以判断自己是否能够改变方法或做得更好。

作品上的时间（大声朗读、教室图书馆、阅读和写作经历），我则不得不承认花费在文学作品上的时间占80%、知识读物上的时间占20%。我下定决心扭转局势，以找到更好的平衡点，努力在我的读写项目中添加更多知识类书籍的阅读和写作。我没有重构我的整个读写项目，因为那样会令人难以承受。我确定了三个我能够控制的方面，开始向我的课堂实践添加更多知识读物：

- 大声朗读知识读物
- 研究一位知识读物作家
- 教授知识读物文本形式和文本结构

1.大声读出来

许多孩子喜欢“获得事实”，尤其是我所观察的男孩。他们喜欢了解组成我们周围世界的琐碎的细节信息。无论在我的课堂还是在我的家里，《吉尼斯世界纪录大全》都是男孩们最常阅读的书。大声朗读资料手册中的文本会使某些学生以某种方式参与进来，大声朗读文学作品却很少有这样的效果。这些手册是优秀的可快速大声朗读出来的文本，因为学生不必从头到尾一页不漏地进行阅读——任何一页都可以朗读！学生只需把书翻开朗读即可。

问答手册也能够在课堂中受到学生的热烈欢迎。尝试在一天快要结束时朗读问题，然后要求学生回家思考这个问题，这样他们也许会询问他们的父母。第二天早晨，让学生们相互讨论他们的想法，然后大声朗读书中的答案。随后，让学生从手册中轮流挑选问题，与全班同学分享。

在所有书单中，P = 学前班至三年级（低年级）[1]，I = 四到七年级（中年级）

2. 适合大声朗读的知识读物书目

Judy Allen, *Are You a Spider*?（The Backyard books also available: *Grasshopper*, *Ant*, *Bee*, *Dragonfly*, *Snail*）（P）

朱迪·艾伦，《你可是蜘蛛？》（后续书系还包括：《蟋蟀》《蚂蚁》《蜜蜂》《蜻蜓》《蜗牛》）

Diana Aston, *An Egg is Quiet; A Seed is Sleepy*（P, I）

戴安娜·阿斯顿，《卵，如此安宁》《种子，如此酣睡》

Melvin & Glida Berger, *Hurricanes Have Eyes But Can't See*（I）

梅尔文、格里妲·贝尔格，《飓风有眼但看不见》

Adele Ciboul, *The Five Senses*（P）

阿黛尔·西布尔，《五种感觉》

Anthony D. Fredericks, *In One Tidepool: Crabs, Snails and Salty Tails*; *Near One Cattail: Turtles, Logs and Leaping Frogs*; *In One Flower: Butterflies, Ticks and a Few More Icks*（P）

安东尼·D.弗里德里克斯，《潮池之中：螃蟹、蜗牛和咸水动物》《香蒲附近：龟、圆木和跳蛙》《一朵花中：蝴蝶，滴滴答答的和黏黏的东西》

Isabella Hatkoff, *Owen and Mzee*（companion book to Jeanette Winter, *Mama*?）（I）

伊莎贝拉·哈特科夫，《小欧文和老厄姆奇》（比较珍妮·温特，《妈妈》）

参考书

Ben Hillman, *How Big Is It*?; *How Strong Is It*?（I）

本·希尔曼，《它多大？》《它多强？》

Meredith Hooper & Lucia duLeiris, *The Island That Moved: How Shifting Forces Shape Our Earth*（I）

梅瑞迪斯·胡坡尔、露西亚·杜蕾丽丝，《会动的岛屿：地壳运动如何塑造我们的地球》

Grace Lin & Ranida McKneally, *Our Seasons*（P）

格蕾丝·林、拉尼妲·麦克尼利，《我们的季节》

Wayne Lynch, *The Scoop on Poop*（I）

维恩·林奇，《屎上餐》

---

① 作者此处对于年级的划分是加拿大温哥华学区的情况，据作者介绍，该学区的小学（Elementary School）包括学前班到七年级，高中（High School）则是从八年级到十二年级。书中 P=primary，对应小学学前班至三年级，而 I=intermediate，对应小学四年级至七年级。——译者注

Meghan McCarthy, *Astronaut Handbook*(P)
梅根·麦克凯西,《宇航员手册》
Faith McNulty, *If You Decide to Go to the Moon*; *How To Dig A Hole to the Other Side of the Earth*(P)
费斯·麦克努尔蒂,《如果你决定去月球》《如何挖洞去地球的另外一边》
Heather Lynn Miller, *This is Your Life Cycle*(I)
希瑟尔·林恩·米勒,《这就是你的生命历程》
Karen Orloff, *I Wanna Iguana*(P, I)
凯伦·奥尔洛夫,《我想要鬣鳞蜥》
Steve Parker, *My Story of Life in a Pond*(P)
史蒂夫·帕克,《青蛙的故事:池塘中的一生》
Sarah Peralta, *All About My Brother*(I)
莎拉·佩拉尔塔,《关于我哥哥的一切》
Brigitte Raab, *Where Does Pepper Come From? And Other Fun Facts*(P)
布里吉特·拉博,《辣椒从哪里来及好玩的事实》
Catherine Ripley, *WHY? The best ever question and answer book about science, nature and the world around you*(P, I)
凯瑟琳·里普雷,《为什么?——关于科学、自然及你周围世界最好的问答书》
James Solhein, *It's Disgusting and We Ate It!: Food Facts from Around the World*(I)
詹姆斯·索科海恩,《恶心我们也要吃!:世界各地的食物趣闻》
Tony Stead, *Should There Be Zoos?*(I)
汤尼·斯特德,《那里是个动物园?》
I Wonder Why books(Kingfisher)(I)
《我想知道为什么》书系(翠鸟出版社)

3.知识读物作家

如果你要求我列举一个儿童小说作家,我能够不眨眼地一连串说出二十五个作家。但是,即使在不久的五年前,我对知识类读物儿童作家的世界也是一无所知,盖尔·吉本斯是个例外。于是,我开始熟悉一些知识类读物作家。这的确是一次宝贵的经验,因为我发现了许多杰出的作家以及他们非凡的作品。

> 将作家添加到书单之前,你需要确定这个作家是否具有个人网页,因为与其他作家相比,这些作家的信息更容易获得。

将更多知识读物整合到我的课堂后，下一步是将知识类读物作家加入我的作家研究。我总是在春季学期与我的学生进行作家研究，集中研究某位作家的生活和工作。我们研究过的作家包括杰斯·阿波罗、凯文·亨克斯和克里斯·凡·艾斯伯格。因为我不熟悉任何知识类读物作家，所以我从不集中研究某一位作家。修改我的框架从而研究知识类读物作家并不困难，我的班级会花费接下来一个月的时间探索尼古拉·戴维斯的生活和工作（参见本页作家研究列表）。学生们着迷于了解这个有趣女人的生活。对于学生们来说，无论从知识读物可信度、准确性还是信息来源方面，了解尼古拉·戴维斯这位海洋生物学家以及她直接对自己撰写的生物进行研究都是重要的一课。

我们采取责任逐渐释放的模式，首先将整个班级作为一个整体集中研究某一个作家，共同研究这个作家的相关部分。然后，学生们选择自己的知识读物作家去研究。我通常给出五至六个作家，让学生进行选择。以下知识读物作家曾经为儿童撰写大量知识类读物书籍，我认为这些作品非常适合作家研究。

朱迪·艾伦	迈克尔·达尔
尼古拉·戴维斯	安东尼·D.弗里德里克斯
盖尔·吉本斯	狄波拉·霍奇
史蒂夫·詹金斯	斯蒂芬·克雷默
凯瑟琳·兰斯基	克莱尔·卢埃林
彼得·西斯	戴安·斯旺森
西摩·西蒙	简·桑希尔
马克辛·特洛蒂尔	珍妮特·温特

4.知识读物的形式和结构

这种将知识读物分解为不同形式的方法修改自托尼·斯特德的研究成果，它帮我和我的学生将复杂、巨大的知识读物世界分类并简化。

> 知识读物范畴十分广泛，我们需要将其分解，以帮助学生找到他们具体目的之下需要的材料。
>
> ——托尼·斯特德

- **描述**：关于某种事物的系统事实（动物、昆虫、国家等）
- **说明/程序**：进行或完成某项任务的顺序步骤
- **解释**：事物发生、被制作或起作用的方式或原因
- **劝说**：关于特定题目的论证观点
- **传记**：对人物生活的线性叙述和/或人物生活事件中最精彩的部分

走近一位知识读物作家

姓名：______________________　　日期：____________

作者姓名：____________________

出生地：____________________　　出生日期：__________

__________的家谱	我的家谱

可能影响作者成为作家的儿时兴趣和经历：

背景、教育、兴趣、爱好：

你知道……吗？有关________________的惊人事实：

如果我见到____________________，我想要问他的问题：

本作者的作品名称（请写出出版日期）：

关于本作者的写作方式，你观察到了什么？风格？主题？图像？

你最喜欢与本作者相关的哪些内容？

仔细阅读____________的一部作品。选择本作者已经完成的一部作品，“向一个朋友讲解”本书的内容。包括书名、主题、简短摘要、你选择这部作品的原因、你做出的联结、你想要提出的问题、你在合上作品后头脑中出现的图像（画出你想象出的图像）以及讲解你通过阅读本书学到的新知识。

5.课程：介绍知识读物的形式和结构

本次课程旨在帮助学生理解知识读物文本的分类以及对文本结构概念进行介绍。

> 针对本次课程，你将需要：
> - 一个带盖子的塑料桶，用标签标识"文学读物 = 故事"
> - 桶里放置一本图画书、分章节图书的首卷本和一本小说
> - 一个带盖子的塑料桶，用标签标识"知识读物 = 非故事"
> - 桶里放置不同类型的知识读物

· 开始课程：

我今天早上将两个桶带到了教室。正如你们所看到的，一个标签写着文学读物，另一个标签写着知识读物。让我们首先来看文学读物桶中有哪些书。在我打开桶之前，你们希望从桶里发现什么？

（回答会多种多样："书籍""故事"等。）

（打开文学读物桶，举起三本书。）

这些是一本图画书、分章节图书的首卷本和一本小说。那么，我们了解与这些书有关的哪些内容？我知道这些是不同的故事，但是它们却具有共同之处——这是它们内部共性的东西。共性是作家撰写这些文本的方式——我们将作家撰写文本的方式称为"文本结构"。文本结构好似一部作品的"骨骼"。即使这三本书讲述的是不同的故事，它们的文本结构却是相同的：这些故事的"骨骼"是相同的。这与人体相似——我们在身体内部都具有同样的骨骼，但是我们的毛发、眼睛、身体和脸却是不同的。所有故事都具有相同的骨骼，但是它们的外部是不同的——不同的人物、不同的背景、不同的问题。

· 提醒学生故事的文本结构：背景、人物、情节；问题、解决；开头、中间、结尾。提醒他们：无论你阅读的是什么故事，即使它们听起来是不同的故事，它们都具有相同的文本结构。

· 拿出第二个桶。

现在，让我们看一看知识读物桶的里面。我曾经认为知识类读物书籍都一样——都是信息类书籍。但是，事实上，知识读物文本分为不同种类，每个种类都具有自己的文本结构。与文学作品桶相比，这个桶里的内容似乎更加丰富……我想知道这是为什么？

（拿出描述书籍，向学生们展示。）

这里是几本知识类读物——一本关于瓢虫，一本关于非洲，一本关于火星，还有一本关于不同的鸟类。所有这些书都不相同，但是，与文学类书籍相似，它们都具有共同之处——一个相似的文本结构或骨骼。是否有人知道这几本特定的知识类读物具有哪些共同之处？

这些知识读物被称为描述书籍，因为它们都对某些事物进行描述或讲解——这本书描述的是一种昆虫，这本书描述的是一个国家——虽然题目不同，但却具有相同的知识读物结构。

· 继续用同样的方式介绍其他知识读物文本的形式，新介绍的每组书籍都具有相似的文本结构。每次向学生展示新的一组书籍时，告诉学生：

这些书都不尽相同，但是它们都具有相似的文本结构。让我们思考所有这些书具有怎样相似的组织结构。

说明：这些文本都对做事或制作东西的方式进行了说明。

解释文本：这些文本都对事件如何发生进行解释，它们通常是一种科学现象，例如彩虹是如何形成的，树叶为什么会改变颜色，蛇为什么蜕皮。

劝说文本：这些文本都试图说服我去做某些事，买某些东西，去某些地方。所有这些文本都告诉我它们希望我们做什么事，然后试图说服我们去完成。说服的方式可能是文字或图片。

传记：这些文本都对一个真实人物的事件进行复述。事件可能包括出生日期、出生地、家庭、童年、教育和这个人物对世界做出的杰出贡献。无论书中的人物是谁，你都会在文本之中发现相似的信息。

> 雪莱·莱丁厄姆是默特尔·比奇小学七年级的教师，她要求学生在阅读报纸和杂志时辨别不同的知识读物结构。

· 思考：你今天学到了什么？

- “文本结构”是一个文本段落的组织方式。

  文学作品书籍具有一种主要的文本结构：开头、中间、结尾。

  知识读物文本具有几种不同形式：描述、说明、解释、劝说、传记。

  每种知识读物文本形式都具有自己的文本结构。

  具有辨别文本结构的能力能够帮助我们理解知识读物文本。

- 扩展：学生们可以将一系列知识读物带回家，从每个范畴“搜集”列举。或者将桶中的知识类书籍混合，然后让学生将它们“归类”到它们正确的范畴当中。

第二章　知识读物的阅读策略有哪些？

一、在头脑中看到阅读策略

几年前，我将我班级里的一名学生定义为“解码大师”。他能够流利地阅读每一页文本，但是却不知道自己在阅读什么。一天，他虽然刚刚阅读两页文本，却无法告诉我任何与这两页相关的内容，我问他：“你在阅读的时候没有思考故事吗？”短暂的思考之后，他用另一个问题回答我：“怎么思考？”我当时无法回答他这个非同凡响的问题，但是这次经验和这个问题从未远离我。

只有一名幼儿园学生被问道“当你在思考时，你的大脑是什么样子的”，他才会给出这样的回答。

> 对于我们许多人来说，思考是一个抽象概念。它既不容易定义，也不容易想象。

学生们应该对阅读过程中发生的变化具有元认知意识，这一点十分重要；这能够使我们发展出策略和能力模型，它们正是我们在阅读知识读物时所使用的技巧。知识读物阅读力模型（参见第33页）有助于回答“思考是什么样子的”之类问题，为学生提供思考的画面。

知识读物阅读力模型是针对阅读过程提出的一个互动可视图形。每个模型描绘一个孩子的头部和肩膀，顶端写着“用知识读物阅读力填写你的大脑”。五个单独、可移动的拼图方块组成一个可以重新组合的模板，它们可以拼凑在一起，添加到孩子的头部。每个方块表示一种不同的知识读物阅读力或策略。当你介绍、教授每种阅读力策略时，好像把不同的拼图方块植入孩子的大脑。你可以用这个模型向学生模拟展示阅读时思考的过程。通过观察思考的过程，学生们形成一种阅读元认知方法，即阅读就是思考的意识。

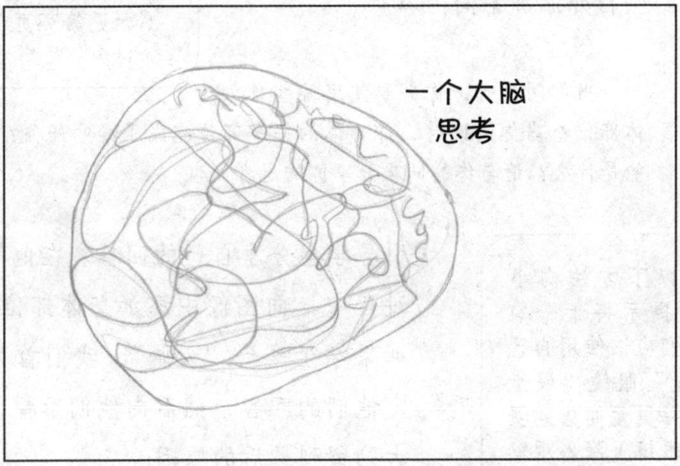

熟练的阅读者通常仅通过单独一次阅读经历就能够从一种阅读力过渡到另一种阅读力，因此，教授应该累积进行，而不是孤立进行，这一点十分重要。教师不断讲解新的阅读力，新的方块也随之添加进来，但是，一旦置入大脑，拼图方块将不再移除。学生们会发现，随着自己对五种知识读物阅读力元认知知识的增加，他们的大脑也变得饱满。这说明：在阅读时，优秀阅读者的头脑需要同时思考许多不同方面。教师单独教授每种策略或阅读力后，应该马上要求学生运用所有策略进行阅读、思考与文本互动。

1.课程：介绍知识读物的阅读策略

本次重要的概念课程向学生介绍元认知：一种阅读就是思考的意识。

- 开始课程：在记录纸或记录板上勾画一个巨大的人物轮廓，人物手中拿着一本书，人物头脑保留空白；你将在课堂的不同环节向空白处添加不同内容。

这节课你所需要的：
- 一张记录纸或一个记录板
- 知识读物阅读力模型（参见第33页）

当你阅读时，你需要使用哪些身体部位？当你阅读时，你身体的每个部位完成了哪些任务？它们的职能是什么？请与你的同桌分享你的思考。

用以下方法向小学生做提示将十分有趣：他们应该使用自己的“X光”眼镜（硬纸板或在一美元商店购买的塑料眼镜）深入观察大脑，以判断他们是否能够说出“思考是什么样子的”。

- 引导学生分享自己的回答。在他们分享的过程中，向图像中添加身体部位和标签。如果学生提到“大脑”，我们首先应该肯定他们的回答，然后向他们解释你想要将大脑留到最后的原因。

大脑是一个非常重要的阅读部位，但是我们经常将其遗忘，因为大脑是一个内部身体部位，我们能够看到自己使用自己的手或眼睛，但是我们却无法看到自己使用自己的大脑。当你阅读时，你的大脑需要同时发挥许多职能——这些职能也许大于一百种——但是今天，我只想谈论大脑的“思考职能”。

- 提及知识读物阅读力模型或海报，进而将思考方块填入大脑图像。简单解释每种阅读力。

每种思考职能将帮助你更好地理解你所阅读的文本。作为一个优秀的阅读者，你将使用所有这些“思考职能”或“阅读力”来帮助自己思考，以更好地理解你所阅读的文本。

今天，我们将要谈论的内容是：在你阅读信息类文本或知识类读物时，你的大脑发挥哪些思考职能。与阅读故事相比，大脑的思考略有不同，因为你的阅读内容发生了变化。一个积极的阅读者阅读知识类读物或信息类文本时，他们的大脑需要发挥的职能之一是向那个文本的特殊文本特点推进。文本特点帮助你确定信息，并为你组织这些信息。

（将推进拼图板块填入知识读物阅读力模型的头部。）

优秀的阅读者也会在阅读时提问。提问帮助阅读者更深入地思考信息。阅读信息文本时，你通常会在一开始提出一些问题，例如“我不知道海星是否会自由浮动？”或“为什么有些鸟会飞，有些鸟却不会？”然后，我们进行阅读，找到答案。我们有时能够在文本中找到答案，有时却不能。如果我们无法回答这些问题，我们就必须做出推测。推测是向文本中添加自己的想法。通常，一个文本段落总会遗漏某些信息。作为一个优秀的阅读者，你将成为一个文本侦探，你用自己的思考向文本添加信息。

（将提问/推测拼图板块填入模型的头部。）

在阅读信息时，大脑发挥的另外一个重要的思考职能是设法找到重要信息。知识读物为读者提供许多信息。有些信息是重要的；有些信息可能是有趣的细节信息，但这些信息却不一定重要。优秀的阅读者知道如何确定重点，如何从细节筛选重要部分。

（将确定重点拼图板块填入模型的头部。）

积极阅读者的大脑发挥的第四项思考职能是联结。你们中的许多人都知道，联结是从自己的经历中找到特定信息，以帮助自己更好地理解文本。我们在阅读故事时通常会联想个人经历：“那使我想到当我……的时候。”与知识类读物建立联结可能略有不同。例如，如果我所阅读的文本与火星有关，我根本无法联想个人经历，因为我从未去过火星。然而，我可以联想我对火星的已知信息。这叫作“联结背景知识”。

（将联结拼图板块填入模型的头部。）

阅读信息时，阅读者的大脑发挥的最后一项思考职能是转化。这并不意味着阅读能够将我们变成机器人，但却意味着阅读有时的确能够改变我们的思考。我们拥有某种观点，然后我们阅读。在我们阅读的文本中，某些信息与已有观点相结合，于是，已有观点发生变化。转化就是经历思考的某种变化，这种变化就是观察事物的新观点或新方式。

（将转化拼图板块填入模型的头部。）

- 反思：完成课程内容讲解后，我喜欢引导学生反思他们学到的与阅读有关的知识。参见第34页“我学到的阅读知识模板”。
- 可以将知识读物阅读力模型（参见第33页）复印，在课程结束时将它们分发给学生。学生们可以向轮廓中填写识别标志、衣服和思考板块。

知识读物阅读力模型

用知识读物阅读力填写你的大脑

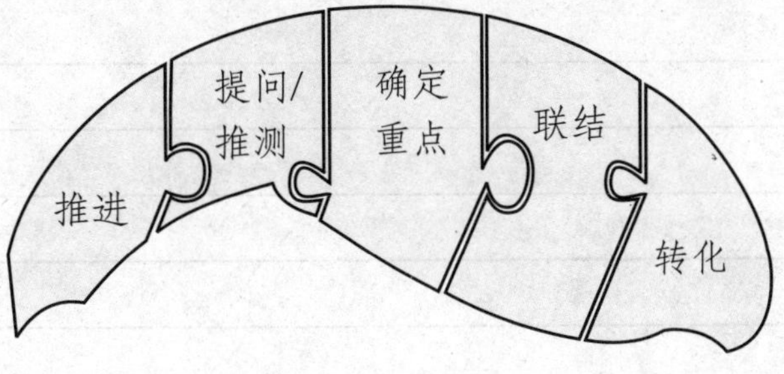

我学到的阅读知识模板

姓名：____________________

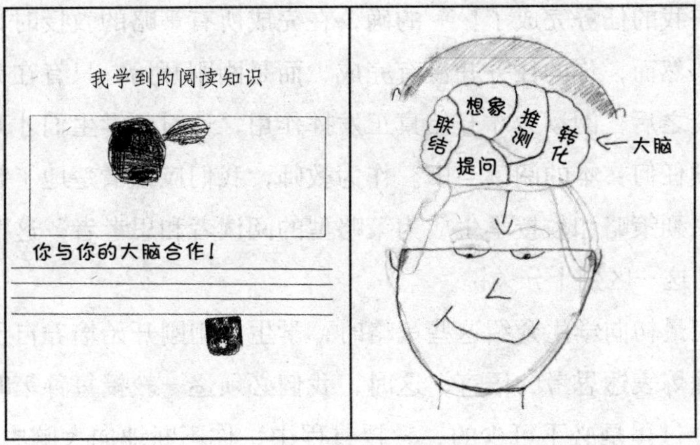

2.整幅图像

> 反思我学到的阅读知识：二年级样本；七年级样本。

通过观察阅读力模型在课堂中的应用，我注意到：学生有时只能运用一种策略，就是教师正在教授的某一种技能。新学年开始时，教师们都会在墙上将空大脑图片贴在黑板上，每教授一种策略就置入“大脑”，开始进行模块和实践教学。然而，他们却没有提及整幅图片，而这恰恰是我们一直努力的目标：使一个完整的、不断思考的、与文本互动的大脑参与到文本阅读当中。因为我们没能在最开始同时介绍所有策略，也没有在任何时候使学生看到所有策略拼图，因此，我们可能在运用孤立的策略来加深学生的理解，而没有运用完整的策略型思考。

> 我们的目标是帮助我们的学生发展策略，使他们成为独立的思考者；我们应该从开始教授阅读技巧时就逐一教授每种有益于学生的学习策略。然而，如果学生认为知识读物阅读力中的每种能力是孤立存在的概念，在一段时期内，他们将很难将孤立的能力整合到一起，也就无法成为独立的思考者和高效的信息阅读者。

不幸的是，我不止一次在某个场合听到：“6月是教授阅读力最愉快的时期，这时，我已经将所有方块填写到黑板上的大脑中，也已经完成所有策略的教授——我的任务完成了！”的确，在完成所有策略的教授时，庆祝理所应当，然而，你的任务并没有完成，而是刚刚开始。只有在完成所有策略教授之后，阅读力才开始真正发挥作用，这时，学生们才开始将策略应用到任何文本的阅读当中。作为教师，我们应该清楚地了解“教授学生一系列策略和教授学生成为策略型的阅读者和思考者”这两者之间的区别，这一区别十分关键。

我们最初向学生介绍这些策略时，学生才刚刚开始培养自己的思考意识、锤炼表达思考的语言，这时，我们必须逐一教授每种策略，我很确信这个过程是必不可少的，教授过程中，你不断地向大脑中“填写”新内容，画有大脑方块的黑板也有助于加深学生对概念的理解。然而，如果我们不帮助学生超越对孤立策略的理解，我们将错失整个过程中最重要的部分：应用。

一位教师把我叫进她的教室，向我展示她对阅读力模型的使用。“我为头部设计了一顶假发。”她解释道。她已经将大脑方块永久地粘贴在模型上内部，并用“一顶假发”将方块覆盖。假发上有能够打开的“窗户”：打开窗户，学生就能够看到里面的阅读力！

许多教师根据自己的课堂对阅读力模型进行了修改。一些教师或创作出自己的展示图像，或让学生创作自己的图像。其他教师为孩子们提供一个标准，学生可以制作他们自己的图像，当教师介绍每种新的阅读技巧时，学生们将每种能力填写到自己脑海中。爱德华·伍迪·布拉德福德是阿博茨福德的校长，他发现他并不需要实体形象来展示元认知；相反，他在拜访课堂时将大脑方块粘贴在他的额头上，并模拟阅读和思考。（这个独特的办法在他的学生当中非常流行，然而，我的理解是：这个办法能够产生现在所谓的“阅读冲动”！）

二、知识读物参考书目

知识读物的结构与文学作品的不同。我们通常不会一口气从头至尾阅读一本知识读物，这与阅读图画书不同。知识读物的文本结构的组织方式便于读者阅读更小的文本段落，因此，教授这些策略时，教师会使用段落、短篇文章或章节，而不会使用整本书。

> 文学类书籍围绕策略组织结构。虽然策略或阅读力仍然是知识类文本结构应该考虑的因素，但是内容和主题范围却成为更加重要的因素。本书中，书单的结构兼顾策略和主题范围。

在本书中，教师可以使用任何数目的不同文本来教授课程。如果教师按部就班或过于依赖书单，学生就无法全面理解策略的概念。虽然我为每种策略推荐了具体书目，但是我对教师提出的目标是充分理解策略，这样他们才能离开海港，使用他们自己的书籍和其他知识读物资源独自航行。

我相信，从知识读物阅读的角度理解阅读力是一个好机会，它有助于我们将内容领域整合到教学当中。在示范和实践教授阅读力时，我们应该使用与在课堂上教授的单元相关联的书籍，这能够提高学生的学习效率。就让我们面对吧——合理安排每项任务十分困难。因此，在教授策略时，尽量完成你的教学内容才有意义。运用通用方法——这是与以内容为中心的方法相对立的方法，我希望运用与你所教授的内容领域相关的书籍来教授策略课程的可能性更大。

> 地区科学顾问珍妮丝·诺娃科夫斯基发现：针对你所教授的科学或社会研究内容进行知识类文本阅读力教学更有意义。她建议教师在课堂使用主题桶，将其作为一种同时包含内容和策略的教学方式。用最具有直接应用性的一种策略或几种策略为每个桶中的书籍做标识。

本章推荐的知识读物是能够在书店购买到的图书，注意到这一点十分重要。然而，不要认为只要购买所有图书，课程就会奏效。课程的设计方式要求你使用种类更加丰富的文本，包括你的课堂教科书、指南类图书、报纸和杂志文章。此外，也要留意学生每天都会遇到的媒介文本和科技文本。课程大纲中展示的策略也可以应用于在网络上获取或阅读的信息。

不同的读物需要运用不同的阅读策略：

阅读者将在阅读具有以下特点的文本时学习**推进**。

- 使用许多知识读物文本特点的文本，文本特点包括：图、表、线形图、网状图、对比、说明文字、图像、斜体字、粗体字标题

阅读者将在阅读具有以下特点的文本时学习**提问/推测**。

- 加深"深层思考"的文本
- 围绕问题所设计的文本
- 以内容为基础、包含阅读者在课堂将要探索的题目的文本
- 包括不含词语的图像或照片的文本
- 不包括所有信息或在本质上具有开放结尾的文本

阅读者在阅读以下特点的文本时将学习**确定重点**。

- 短篇幅的文本：1—2页的文章、章节或偏重文本的段落
- 包含文本特点的文本
- 代表各种各样文本结构的文本（描述、说明、劝说等）

> 阅读力不是能够从任何书籍或书籍桶中学到的技巧。它以思考和元认知原则为基础。使用书籍做示范、教授和实践策略仅仅是帮助学生成为思考者的手段，而并非是实现最终目标的手段。"最终目标"是你的学生能够运用任何阅读力阅读任何文本。

阅读者将在阅读具有以下特点的文本时学习**联结**。

- 文本内容以学生个人经验和背景知识为基础。例如：全世界的动物、植物、天气、社区、家庭和孩子
- 文本以内容为基础，要求文本的主题是学生能够在课堂进行探讨的主题

阅读者将在阅读具有以下特点的文本时学习**转化**。

- 包括能够刺激巨大反应的直观事实的文本
- 向读者介绍世界上引发思考的问题的文本，例如：全球变暖、动物灭绝、地球水供应、神奇的动物或自然景观
- 描述影响世界的超凡的人和/或鼓舞人心的人的生活的文本

三、不同主题的阅读参考书目

这些书目围绕具体的科学和社会研究主题组织结构，为教师提供了示范和引导性实践的出发点。由于策略课程的设计只是一种通用设计，因此，教师在课堂可以选择使用适合自己内容领域的书籍进行教学。

RA——大声朗读
Z——推进
Q/I——提问/推测
DI——确定重点
C——联结
T——转化

书籍在具体策略的教授课程中交叉出现。列出的等级只是建议级别。当然，一个班级的学生呈现出多种不同的阅读能力。教师可以选择自己创建主题参考书目集，以适应学生不同的阅读水平。

生命科学：动物的生长和变化

初级早期/学前班到一年级

Margaret Carney, *Where Does a Tiger-Heron Spend the Night?*
玛格丽特·加尔内，《虎鹭在哪儿过夜？》

Michael Dahl, *Do Frogs Have Fur? A Book About Animal Coats and Coverings* (Other titles include: *Do Cows Eat Cake: A Book About What Animals Eat; Do Ducks Live in the Dessert: A Book About Where Animals Live; Do Goldfish Gallop: A Book About Animal Movement; Do Whales Have Wings: A Book About Animal Bodies*)
迈克尔·达尔，《青蛙有毛吗？——一本关于动物皮毛的书》（其他书目

包括：《牛吃蛋糕吗：一本关于动物吃什么的书》《鸭子生活在沙漠中吗：一本关于动物栖息地的书》《金鱼能快跑吗：一本关于动物运动方式的书》《鲸鱼有翅膀吗：一本关于动物身体的书》）

DK Publishing, *Mammal*（Series: *Eye Know*）

DK出版社，《哺乳动物》（系列丛书：《眼睛看见》）

Deborah Heiligman, *From Caterpillar to Butterfly*

德伯拉·海里格曼，《毛毛虫变蝴蝶》

Pamela Hickman, *A New Frog: A First Look at Nature*（other titles include: *Ducks; Butterflies*）

帕梅拉·席克曼，《新青蛙：自然初探》（其他书目包括：《鸭子》《蝴蝶》）

John Himmelman, *A House Spider's Life*（Series: *Nature Upclose*; other titles include: *A Monarch Butterflies Life; A Salamander's Life; A Ladybug's Life*）

约翰·西摩尔曼，《一只家蛛的一生》（系列丛书：《自然揭秘》，其他书目包括：《帝王斑蝶的一生》《火蜥蜴的一生》《瓢虫的一生》）

Sam Godwin, *The Trouble with Tadpoles*

山姆·古德文，《蝌蚪的麻烦》

Claire Llewellyn, *Is That A Butterfly?: A Lift the Flap Life Cycle Story*

克莱尔·卢埃林，《是蝴蝶吗？——一本关于生命历程故事的翻翻书》

Claire Llewellyn, *How Animals Grow*（Series: *I Know That!*）

克莱尔·卢埃林，《动物如何生长》（丛书：《我知道！》）

Wendy Pfeffer, *From Tadpole to Frog*（Series: *Let's Read and Find Out About Science*）

温蒂·普菲弗尔，《从蝌蚪到青蛙》（书系：《让我们阅读并发现科学》）

Editors of TIME for Kids, *TIME for Kids: Bees*

《纽约时报》儿童栏目编辑，《儿童版纽约时报：蜜蜂》

（T）Laura Vaccaro Seeger, *First The Egg*（T）

劳拉·瓦卡罗·希格，《先有蛋》

初级晚期/二到三年级

Judy Allen, *Are you A Bee?*（Series: *Backyard Books*; other titles include: *Are You a Grasshopper?; Are You a Snail?; Are You a Butterfly?; Are You a Spider?*）（RA）

朱迪·艾伦，《你是蜜蜂吗？》（丛书：《后院书系》系列，其他书目包括：《你是蚱蜢？》《你是蜗牛？》《你是蝴蝶？》《你是蜘蛛？》）

Diana Hutts Aston, *An Egg is Quiet*（RA）

戴安娜·胡茨·阿斯顿，《卵，如此安宁》

Jacob Berowitz, *Jurassic Poop*

雅各布·波罗维茨，《侏罗纪粪便》

DK Publishing, *Panda*（Series: *Watch Me Grow*; other titles include: *Bear;*

Frog; Penguin; Butterfly）
DK出版社，《熊猫》（书系：《看我成长》，其他书目包括：《熊》《青蛙》《企鹅》《蝴蝶》）
Vivian French, *Growing Frogs*（RA）
维维安·弗朗茨，《成长中的青蛙》
Deborah Hodge, *Ants*（Q/I）
德伯拉·霍兹，《蚂蚁》
Deborah Hodge, *Bees*（Q/I）
德伯拉·霍兹，《蜜蜂》
Steve Jenkins, *Actual Size*（RA）
史蒂夫·詹金斯，《实际尺寸》
Steve Jenkins, *Biggest, Fastest, Strongest*（T）
史蒂夫·詹金斯，《最大的、最快的、最强的》
Bobbie Kalman, *The ABC's of Animals*
波比·卡尔曼，《动物入门知识》
Bobbie Kalman, *What is a Life Cycle?*
波比·卡尔曼，《什么是生命历程？》
Etta Kaner, *Animal Defences: How Animals Protect Themselves*
埃塔·卡内尔，《动物防卫术：动物如何自我保护》
Claire Llewellyn, *Earthworms*（Series: *Minibeasts*; other titles include: *Spiders; Ladybugs; Caterpillars*）
克莱尔·卢埃林，《蚯蚓》（系列从书：《迷你动物》，其他书目包括：《蜘蛛》《瓢虫》《毛毛虫》）
Steve Parker, *It's a Frog's Life: My Story of Life in a Pond*（RA）
史蒂夫·帕克，《青蛙的故事：池塘中的一生》
Angela Royston, *Looking at Life Cycles: How Do Plants and Animals Change?*（Series:*Looking at Science: How Things Change*）
安吉拉·罗伊斯顿，《看看生命历程：植物和动物如何变化？》（书系：《看看科学：事物如何变化》）
Suzanne Slade, *What Do You Know About Life Cycles?*（Series: *20 Questions: Science*）
苏珊娜·斯拉德，《关于生命的历程你知道些什么？》（书系：《20个问题：科学》）
Belinda Weber, *I Wonder Why Caterpillars Eat So Much and Other Questions about Life Cycles*（Series: *I Wonder Why*）
柏林达·韦伯，《我想知道毛毛虫为什么吃这么多及其他关于生命历程的问题》（书系：《我想知道为什么》）

中级/四到七年级

Nicola Davies, *Extreme Animals*（DI）
尼古拉·戴维斯，《极端环境中的动物》
Nicola Davies, *Poop*（DI）
尼古拉·戴维斯，《粪便》
Cheryl Jakab, *The Animal Life Cycle 7*（Series: *Earth's Cycles*）
谢丽尔·雅卡布，《动物生命历程》系列丛书之七（书系：《地球圈》）
Bobbie Kalman, *The Life Cycle of a Spider*（Series: *The Life Cycle*; other titles include: *Life Cycle of a Frog; Life Cycle of a Bird; Life Cycle of a Butterfly*）

波比·卡尔曼,《蜘蛛的一生》(书系:《生命历程》,其他书目包括:《青蛙的一生》《鸟的一生》《蝴蝶的一生》)
Heather Lynn Miller,*This is Your Life Cycle*(RA)
希瑟尔·林恩·米勒,《这就是你的生命历程》
Seymour Simon, *Animals Nobody Loves*
西摩·西蒙,《无人喜爱的动物》
Diane Swanson, *Bugs Up Close*(DI)
戴安妮·斯万逊,《虫子探秘》
Rochelle Strauss, *Tree of Life: The Incredible Biodiversity of Life on Earth*
洛奇尔·斯特劳斯,《生命之树:地球上令人惊讶的生物多样性》
Jan Thornhill, *I Found a Dead Bird: The Kids guide to the cycle of life and death*
让·霍希尔,《我发现一只死鸟:给儿童的关于生命和死亡周期指南》

植物的生长和变化

初级早期/学前班到一年级

Cycle Robert Bulla, *A Tree is a Plant*(Series: *Let's Read and Find Out About Science*)
塞克勒·罗伯特·布拉,《树是植物》(书系:《让我们阅读并发现科学》)
Lois Ehlert, *Red Leaf, Yellow Leaf*(RA)
罗斯·艾乐特,《红叶子、黄叶子》
Allan Fowler, *From Seed to Plant*(Series: *Rookie Read-About Science*)(RA)
艾伦·富勒,《从种子到植物》(书系:《新手读书系列——关于科学》
Carole Gerber, *Winter Trees*(RA)
卡罗尔·吉尔伯,《冬天的树》
Carole Gerber, *Leaf Jumpers*(RA)
卡罗尔·吉尔伯,《与落叶共舞》
Sam Godwin, *From Little Acorns: A First Look at the Life Cycle of a Tree*
山姆·古德文,《小小橡子:树的一生初探》
Pamela Hickman, *A Seed Grows: My First Look at a Plant's Life Cycle*(Series: *My First Look at Nature*)
帕梅拉·席克曼,《种子在生长:植物一生初探》(书系:《自然初探》)
Helene Jordon, *How a Seed Grows*(Series: *Let's Read and Find Out About Science*)
海伦娜·乔丹,《种子如何生长》(书系:《让我们阅读并发现科学》)
Bobbie Kalman, *Plants are Living Things*
波比·卡尔曼,《植物是活的》
Gerald Legg, *From Seed to Sunflower*(Series: *Lifecycles*)
杰拉德·雷格,《从种子到向日葵》(书系:《生命历程》)
Claire Llewellyn, *Stating Life: Tree*(Series: *Starting Life*)
克莱尔·卢埃林,《谈谈生命:树》(书系:《生命伊始》)
Helene Orme, *Why Do Plants Grow In Spring?*
海伦娜·沃尔姆,《植物为什么在春天生长?》
Wendy Pfeffer, *From Seed to Pumpkin*(Series: *Let's Read and Find Out About Science*)
温蒂·普菲弗尔,《从种子到南瓜》

（书系：《让我们阅读并发现科学》）

Anne Rockwell, *One Bean*
安妮·洛克威尔，《一粒豆子》

Angela Royston, *How Plants Grow* (Series: *Heinemann First: Plants*)
安吉拉·罗伊斯顿，《植物如何成长》（书系：《海涅曼的第一本书：植物》）

Editors of TIME for Kids, *TIME for Kids: Plants*
《纽约时报》儿童栏目编辑，《儿童版纽约时报：植物》

Ellen Weiss, *From Pit to Peach Tree* (Series: *Scholastic News Nonfiction Readers: How Things Grow*; other titles include: *From Pinecone to Pinetree; From Bulb to Daffodil; From Kernel to Corncob*)
艾伦·维斯，《从核桃到桃树》（书系：《学乐非虚构类阅读：事物如何成长》，其他书目包括：《从松果到松树》《从球茎到水仙花》《从谷粒到玉米穗》）

初级晚期/二到三年级

Diana Hutts Aston, *A Seed Is Sleepy* (RA)
戴安娜·胡茨·阿斯顿，《种子，如此酣睡》

Andrew Charman, *I Wonder Why Trees Have Leaves and Other Questions About Plants* (Series: *I Wonder Why*)
安德鲁·查尔曼，《我想知道树为什么有树叶及其他关于植物的问题》（书系：《我想知道为什么》）

Joanna Cole, *Magic School Bus: Plants Seeds*
乔安娜·柯尔，《神奇校车：植物的种子》

Gail Gibbons, *From Seed to Plant*
盖尔·吉本斯，《从种子到植物》

Victoria Huseby, *Oak Tree* (Series: *Looking At Life Cycles*)
维多利亚·哈斯比，《橡树》（书系：《看看生命的历程》）

Ontario Science Centre, *Plants*
安大略科学中心，《植物》

Michael Ross, *Life Cycles*
迈克尔·罗斯，《生命历程》系列丛书

Laurie Purdie Salas, *From Seed To Maple Tree: Following the Life Cycle*
劳里·普尔迪·沙拉斯，《从种子到枫树：跟随生命的历程》系列丛书

Louise & Richard Spilsbury, *Why Do Plants Have Flowers?* (Series: *World of Plants*; other titles include: *What is a Plant?; How Do Plants Grow?*)
路易斯、理查德·斯皮尔伯利，《植物为什么有花朵？》（书系：《植物世界》，其他书目包括：《什么是植物？》《植物如何生长？》）

Linda Tagliaferro, *The Life Cycle of an Oak Tree* (Seris: *Pebble Plus*; other titles include: *The Life Cycle of a Pine Tree; The Life Cycle of an Apple Tree; The Life Cycle of a Sunflower*)
琳达·塔利亚费罗，《橡树的一生》（书系：《还有鹅卵石》，其他书目包括：《松树的一生》《苹果树的一生》《向日葵的一生》）

中级/四到七年级

Molly Aloian & Bobbie Kalman, *The*

Life Cycle of a Flower
茉莉·埃洛伊安、波比·卡尔曼,《花的一生》
Jonathan Bocknek, *Plants* (Series: *Life Science*)
乔纳森·博客耐克,《植物》(书系:《生命科学》)
Honor Head, *Amazing Plants* (Series: *Amazing Life Cycles*)
奥纳尔·海德,《神奇的植物》(书系:《神奇的生命》)
Clare Hibbert, *The Life of a Tree* (Series: *Life Cycles Up Close*)
克莱尔·希尔伯特,《树的一生》(书系:《生命初探》)
Pamela Hickman, *The Canadian Tree Book*
帕梅拉·席克曼,《加拿大的树》
Cheryl Jakab, *The Plant Life Cycle* (Series: *Earth's Cycles*)
谢丽尔·雅卡布,《植物生命历程》(书系:《地球圈》)
Bobbie Kalman, *What is a Plant?* (Series: *The Science of Living Things*)
波比·卡尔曼,《什么是植物?》(书系:《关于生命的科学》)
Bobbie Kalman, *The Life Cycle of a Tree*
波比·卡尔曼,《树的一生》
Claire Llewellyn, *Exploring Plants* (Series: *A Sense of Science*)
克莱尔·卢埃林,《探索植物》(书系:《科学观念》)
Claire Llewellyn, *The Life of Plants* (Series: *Understanding Plants*)
莱尔·卢埃林,《植物的生命》(书系:《理解植物》)
Valerie Wyatt, *Wacky Plant Cycles*
瓦莱丽·怀亚特,《古怪的植物循环》

生态系统/食物链/栖息地

初级早期/学前班到一年级

Susan Canizares, *Arctic Winter, Arctic Summer* (Series: *Science Emergent Readers*)
苏珊·卡尼哲尔斯,《北极的冬天》《北极的夏天》(书系:《科学启蒙》读物)
Madeleine Dunphy, *Here is the Wetland* (Other titles include: *Here is the African Savanna; Here is the Arctic Winter; Here is the Coral Reef; Here is the Tropical Rainforest*)
玛德莱娜·邓菲,《这里是湿地》(其他书目包括:《这是非洲稀树草原》《这是北极的冬天》《这是珊瑚礁》《这是热带雨林》)
Anthony D. Fredericks, *In One Tidepool: Crabs, Snails, and Salty Tails* (Series: *Sharing Nature With Children;* other titles include: *Under One Rock: Bugs, Slugs, and Other Ughs; Near One Cattail: Turtles, Logs And Leaping Frogs; Around One Cactus: Owls, Bats and Leaping Rats*)
安东尼·D.弗里德里克斯,《潮池之中:螃蟹、蜗牛和咸水动物》(书系:《和孩子们分享自然》,其他书目包括:《岩石之下:臭虫、鼻涕虫和其他的虫子》《香蒲附近:龟、圆木和跳蛙》《仙人掌周围:猫头鹰、

蝙蝠和跳鼠》）

Gallimard Jeunesse, *The Rainforest*
伽利马德·杰内斯，《雨林》

Pamela Hickman, *Habitats*
帕梅拉·席克曼，《栖息地》

Pamela Hickman, *Hungry Animals: A First Look at Food Chains*
帕梅拉·席克曼，《饥饿的动物：食物链初探》

Bobbie Kalman, *Homes of Living Things* (Series: *Introducing Living Things*)
波比·卡尔曼，《生物们的家》（书系：《介绍生物》）

Margriet Ruurs, *In My Backyard*
玛格丽艾特·鲁尔斯，《我的后院》

Jennifer Ward, *Somewhere in the Ocean* (Other titles include: *Way Up in the Arctic; Way Out in the Dessert; Over in the Garden*)
简尼弗·沃尔德，《大海之中》（其他书目包括：《走向北极》《走出沙漠》《花园之中》）

Breda Williams, *Home for a Tiger, Home for a Bear*
布雷妲·威廉斯，《老虎的家》《熊的家》

初级晚期/二到三年级

Deborah Hodge, *Who Lives Here? Desert Animals* (Series: *Who Lives Here?;* other titles includes: *Rain Forest Animals; Polar Animals; Wetland Animals*)
德伯拉·霍兹，《谁在这里生活？——沙漠动物》（书系：《谁在这里生活？》，其他书目包括：《雨林动物》《极地动物》《湿地动物》）

Bobbie Kalman, *ABC's of Habitats*
波比·卡尔曼，《栖息地基础知识》

Bobbie Kalman, *ABC's of Oceans*
波比·卡尔曼，《大海基础知识》

Bobbie Kalman, *Food Chains and You*
波比·卡尔曼，《食物链和你》

Steve Jenkins, *What Do You Do When Something Wants to Eat You?* (T)
史蒂夫·詹金斯，《你要被吃掉的时候应该做些什么？》

Patricia Lambar, *Who Eats What?* (Series: *Let's Read and Learn About Science*)
帕特里西亚·兰巴尔，《谁吃什么？》（书系：《让我们阅读并了解科学》）

Vic Parker, *Homes* (Series: *What Living Things Need*)
维克·派克，《家》（书系：《生物需要什么》）

Wendy Pfeffer, *A Log's Life*
温蒂·普菲弗尔，《圆木的一生》

Frank Serafini, *Looking Closely Across the Desert* (Other titles include: *Looking Closely Along the Shore; Looking Closely Inside the Garden; Looking Closely Through the Forest*)
弗兰克·塞拉菲尼，《仔细观察整个沙漠》（其他书目包括：《仔细观察海岸》《仔细观察花园内部》《仔细观察森林》）

Suzanne Slade, *What Do You Know About Food Chains and Food Webs?* (Series: *20 Questions: Science*)
苏珊娜·斯莱德，《关于食物链和食

物网，你都知道什么？》(书系:《20个问题：科学》)

Louise & Richard Spilsbury, *Where Do Plants Grow?* (Series: *World of Plants*)

路易丝、理查德·斯皮尔斯伯里,《植物在哪儿生长？》(书系:《植物世界》)

David Steward, *Pond Life* (Series: *Cycles of Life*)

大卫·斯图尔德,《池塘生活》(书系:《生命历程》)

David Suzuki & Sarah Ellis, *Salmon Forest*

大卫·铃木、莎拉·埃利斯,《鲑鱼森林》

Angela Wilkes, *Animal Homes*

安吉拉·威尔克斯,《动物的家》

中级/四到七年级

Harriet Brown, *Deserts* (Series: *World About Us*—written as "text on two levels", allowing for students of mixed reading levels to enjoy the same book; other titles include: *Rainforests; Seashores*)

哈里特·布朗,《沙漠》(书系:《我们的世界》——有两种不同难度的文本，以供阅读力不同的学生共读同一本书，其他书目包括:《雨林》《海岸》)

Cheryl Jakab, *The Food Cycle* (Series: *Earth's Cycles*)

谢丽尔·雅卡布,《食物圈》(书系:《地球圈》系列丛书)

Rebecca L. Johnson, *A Journey Into a Wetland* (Series: *Biomes of North America;* other titles include: *A Walk in the Tundra; A Journey Into a Lake*)

丽贝卡·L.约翰逊,《前往湿地的旅程》(书系:《北美的生物群落》，其他书目包括:《苔原漫步》《前往湖泊的旅程》)

Bobbie Kalman, *Food Chains and You* (Series: *Food Chains;* other titles include: *Coral Reef Food Chains; Seashore Food Chains; Tundra Food Chains; Forest Food Chains*)

波比·卡尔曼,《食物链和你》(书系:《食物链》，其他书目包括:《珊瑚礁的食物链》《海滨的食物链》《苔原的食物链》《森林的食物链》)

Dorothy Hinshaw Patent, *Garden of Spirit Bear: Life in the Great Northern Rainforest*

多萝西·欣肖·派腾特,《百灵熊的花园：北部大雨林中的生命》

Donald M. Silver, *Seashore* (Series: *One Small Square;* other titles include: *Coral Reef; Pond; Backyard; Woods*)

唐纳德·西尔弗,《海滨》(书系:《一个小广场》，其他书目包括:《珊瑚礁》《池塘》《后院》《森林》)

Suzanne Slade, *What Do You Know About Food Chains?* (Series: *20 Questions: Science*)

苏珊娜·斯莱德,《关于食物链，你知道多少？》(书系:《20个问题：科学》)

Darlene R. Still, *Tropical Rainforest* (Series: *True Books: Ecosystems;* other titles include: *Oceans; Grasslands; Wetlands*)

达琳·R.斯蒂尔,《热带雨林》(书系:《真正的书：生态系统》，其他书目

包括：《海洋》《草原》《湿地》）

人体

初级早期/学前班到一年级

Aliki, *I'm Growing*
阿丽奇，《我长大了》
Aliki, *My Five Senses*
阿丽奇，《我的五种感官》
Bob Barner, *Dem Bones*
鲍勃·巴尔纳，《骨头乐队》
Wiley Belvins, *Where Does Your Food Go?* (Series: *Rookie Read-About Health;* other books include: *How Does Your Brain Work?; How do Your Lungs Work?; How Does Your Heart Work?*)
威利·贝尔文思，《你的食物去哪儿了？》（书系：《新手读书系列——关于健康》，其他书目包括：《你的大脑如何工作？》《你的肺如何工作？》《你的心脏如何工作？》）
DK Publishing, *Body* (Series: *Eye Know*)
DK出版社，《身体》（书系：《眼睛看见》）
Gallimard Jeunesse, *The Human Body*
伽利马德·杰内斯，《人体》
Sharon Gordon, *Hearing* (Series: *Rookie Read-About Health;* other titles include: *Seeing; Feeling; Smelling*)
莎伦·戈登，《听》（书系：《新手读书系列——健康》，其他书目包括：《看》《感知》《闻》）
Bobbie Kalman, *I Am A Living Thing*
波比·卡尔曼，《我是一个活物》
Maria Rius, *Taste* (Other books include: *Sight; Smell; Touch; Sound*)
玛丽亚·利由斯，《味觉》（其他书目包括：《视觉》《嗅觉》《触觉》《听觉》）
Nuria Roca, *The Five Senses* (Series: *Let's Learn About*)
努丽娅·罗卡，《五种感觉》（书系：《让我们一起学习》）
Kathy Stinson, *The Bare Naked Book*
凯西·斯廷森，《光溜溜裸体书》
Joan Sweeny, *Me and My Amazing Body*
琼·斯威尼，《我和我神奇的身体》
Joan Sweeny, *Me and My Senses*
琼·斯威尼，《我和我的感觉》
Stephanie Turnbull, *Your Body* (Series: *Usborne Beginners;* other titles include: *Why Do We Eat?*)
斯蒂芬妮·特恩布尔，《你的身体》（书系：《奥斯本初学者》，其他书目包括：《我们为什么要吃饭》）

初级晚期/二到三年级

Brigid Avison, *I Wonder Why I Blink* (Series: *I Wonder Why*)(Q)
布里吉特·阿维森，《我想知道我为什么眨眼》（书系：《我想知道为什么》）
Philip Balestrino, *The Skeleton Inside You* (Series: *Let's Read and Find Out About Science*)
菲利普·巴莱斯特里诺，《身体里的骨骼》（书系：《让我们阅读并发现科学》）
Melvin Berger, *Why I Sneeze, Shiver, Hiccup and Yawn* (Series: *Let's Read*

and Find Out About Science)
梅尔文·伯杰,《我为何打喷嚏,哆嗦,打嗝,打哈欠》(书系:《让我们阅读并发现科学》)
Patty Carratello, *My Body*
帕蒂·卡勒特罗,《我的身体》
Deborah Chancellor, *I Wonder Why Lemons Taste Sour and Other Questions About Senses* (Series: *I Wonder Why*)
戴伯拉·查斯勒,《我想知道柠檬为什么尝起来酸及其他关于感觉的问题》(书系:《我想知道为什么》)
Adele Giboul, *The Five Senses*
阿黛尔·吉部尔,《五种感觉》
Joanna Cole, *First Human Body Encyclopedia*
乔安娜·柯尔,《第一部人体百科全书》
Joanna Cole, *Your Can't Smell A Flower With Your Ear* (Series: *All Aboard Science Reader*)
乔安娜·柯尔,《你无法用耳朵闻到花香》(书系:《科学读物大全》)
Katharine Kenah, *The Bizarre Body* (Series: *Extreme Readers*)
凯瑟琳·基纳,《奇特的身体》(书系:《非常读物》)
Michael Ross, *Body Cycles*
迈克尔·罗斯,《身体循环》
Paul Showers, *A Drop of Blood*
保罗·肖沃尔,《一滴血》
Paul Showers, *What Happens to a Hamburger?*
保罗·肖沃尔,《汉堡包怎么了?》
Herve Tullet, *The Five Senses*
赫维·图莱特,《五种感觉》
Harriet Ziefert, *You Can't Taste a Pickle With Your Ear*
哈丽雅特·齐费尔特,《你无法用耳朵品尝泡菜》

中级/四到七年级

Nick Arnold, *Blood, Bones and Body Bits*
尼克·阿诺德,《血液,骨头和身体部位》
Frances R. Balkwill, *Have a Nice DNA*
弗兰西丝·R.鲍克威尔,《你好,DNA》
Melvin Berger, *Why Don't Haircuts Hurt?* (Series: *Scholastic Q & A*)
梅尔文·伯杰,《为什么剪头发不疼?》(书系:《学乐问答系列》)
Sylvia Branzei, *Grossology and You*
西尔维娅·布兰茨,《超恶心的身体知识》
DK Publishing, *Eyewitness Visual Dictionary of the Human Body*
DK出版社,《关于人体的可视化字典》
John Farndon, *Human Body: The Ultimate Guide to How the Body Works*
约翰·范顿,《人体:身体运作的终极指南》
Jayne Parsons, *Encyclopedia of the Human Body*
杰恩·帕森斯,《人体百科全书》
Trudee Romanek, *Wow! The Most Interesting Book You'll Ever Read About Germs; Ah-Ha! The Most Interesting Book You'll Ever Read About Intelligence*
特鲁迪·罗曼内克,《哇!关于细菌你读过的最有趣的书》《啊哈!关于

智力你读过的最有趣的书》)

Barbara Seuling, *From Head to Toe: The Amazing Human Body and How it Works*

芭芭拉·瑟琳,《从头到脚:奇异的人体和它的运作》

Seymour Simon, *The Heart*(Other titles include: *The Brain; Guts; Digestive System; Muscles; Bones; Eye; Ears*)

西摩·西蒙,《心脏》(其他书目包括:《大脑》《内脏》《消化系统》《肌肉》《骨骼》《眼睛》《耳朵》)

Richard Walker, *The Kingfisher First Human Body Encyclopedia*

理查德·沃克,《翠鸟第一部人体百科全书》

星球和太阳系

初级早期/学前班到一年级

Frank Asch, *The Sun is My Favorite Star*

法兰克·艾许,《太阳是我最喜欢的星星》

Byron Bauton, *I Want To Be An Astronaut*

拜伦·伯顿,《我想成为一名宇航员》

DK Publishing, *Space*(Series: *Eye Know*)

DK出版社,《太空》(书系:《眼睛看见》)

Jennifer Dussling, *Stars* (Series: *All Aboard Science Reader*)

詹妮弗·塔斯林,《星辰》(书系:《科学读物大全》)

Edana Eckart, *Watching the Moon*(Series: *Welcome Books: Watching Nature;* other titles include: *Watching the Sun; Watching Stars*)

埃德娜·爱卡,《望月》(书系:《欢迎看看大自然》,其他书目包括:《望日》《看星星》)

Allan Fowler, *So That's How the Moon Changes Shape* (Series: *Rookie Read-About Science*)

艾伦·富勒,《月亮如何改变模样》(书系:《新手读书系列——关于科学》)

Tish Rabe, *There's No Place Like Space: All About Our Solar System* (Series: *Cat in the Hat's Learning Library*)

蒂什·拉贝,《太空独一无二:我们的太阳系全知道》(书系:《戴帽子的猫的学习图书馆》)

Scholastic, *The Universe*

学乐出版社,《宇宙》

Joan Sweeny, *Me and My Place in Space*

琼·斯威尼,《我和我在太空中的空间》

Editors of TIME for Kids, *Planet! Discover Our Solar System*

《纽约时报》儿童栏目编辑,《星球!探索我们的太阳系》

Stephanie Turnbull, *Sun, Moon and Stars*

斯蒂芬妮·特恩布尔,《太阳,月亮和星星》

Lynn Wilson, *What's Out There? A Book About Space*

林恩·威尔逊,《外面是什么?一本关于太空的书》

初级晚期/二到三年级

Franklyn M. Branley, *The Planets in Our Solar System*(Series: *Let's Read and Find*

Out About Science; other titles include: *The Sky is Full of Stars; The Moon Seems to Change; Floating in Space*)
富兰克林·M. 布兰得利,《我们太阳系的行星》(书系:《让我们阅读并发现科学》,其他书目包括:《满天都是小星星》《月亮似乎在变》《遨游太空》)
Janis Campbell, *G is for Galaxy: An Out of this World Alphabet*
詹尼斯·坎贝尔,《G代表银河:太空字母书》
DK Publishing, *Space* (Series: *Eye Wonder*)
DK出版社,《太空》(书系:《眼睛探究》)
Gail Gibbons, *The Planets*
盖尔·吉本斯,《行星》
Gail Gibbons, *Stargazers*
盖尔·吉本斯,《观星者》
Mike Goldsmith, *Solar System* (Series: *Kingfisher Young Knowledge*)
麦克·哥德斯密斯,《太阳系》(书系:《翠鸟童学知识》)
Steve Jenkins, *Looking Down*
史蒂夫·詹金斯,《一直一直向下看》
Katharine Kxenah, *Space Mysteries* (Series: *Extreme Readers*)
凯瑟琳·柯哲娜,《太空奥秘》(书系:《非常读物》)
Loreen Leedy, *Postcards from Pluto*
罗琳·利德,《来自冥王星的明星片》
Meghan McCarthy, *Astronaut Handbook*(P)
梅根·麦卡锡,《宇航员手册》
Cynthia Pratt Nicolson, *Discover the Stars* (Series: *Kids Can Read;* other titles include: *Discover Space; Discover Space Rocks; Discover Planets*)
辛西娅·普拉特·尼克森,《探索星辰》(书系:《儿童分级阅读》,其他书目包括:《探索太空》《探索太空岩石》《探索行星》)
Leoni Pratt, *Planet Earth*
莱昂尼·普拉特,《行星地球》
Usborne First Encyclopedia, *Space*
奥斯本首部百科全书,《太空》

中级/四到七年级

DK Publishing, *First Space Encyclopedia*
DK出版社,《首部太空百科全书》
DK Publishing, *Space Facts* (Series: *Pockets Guide;* other titles include: *Earth Facts*)
DK出版社《太空常识》(书系:《口袋指南》,其他书目包括:《地球常识》)
Joan Marie Galat, *Stories of Planets* (Series: *Dot to Dot in the Sky;* other titles include: *Stories in the Stars; Stories of the Moon*)
琼·玛丽·加拉特,《行星的故事》(书系:《太空点对点》,其他书目包括:《星星的故事》《月亮的故事》)
Cynthia Pratt Nicolson, *Comets, Asteroids and Meteorites*
辛西娅·普拉特·尼克森,《彗星、小行星和陨石》
Cynthia Pratt Nicolson, *The Jumbo*

Book of Space
辛西娅·普拉特·尼克森，《太空大大书》
Cynthia Pratt Nicolson, *Space* (Series: *Starting With Space;* other titles include: *The Earth; The Moon; The Planets; The Stars; The Sun*)
辛西娅·普拉特·尼克森，《太空》(书系:《太空起步》，其他书目包括:《地球》《月球》《行星组曲》《星星》《太阳》)
Elaine Scott, *When is a Planet Not a Planet? The Story of Pluto*
伊莱恩·斯科特，《当行星不是行星？冥王星的故事》
Seymour Simon, *Comets, Meteors and Asteroids*
西摩·西蒙，《彗星、流星和小行星》
Whitecap Books, *Space* (Series: *Investigate*)
白帽出版社，《太空》(书系:《探索》)
Valerie Wyatt, *Space FAQ's*
瓦莱丽·怀亚特，《太空常见问题解答》

地球科学：天气

初级早期/学前班到一年级

Frank Asch, *Like a Windy Day*
法兰克·艾许，《今日仿佛有风》
Susan Canizares, *Storms* (Series: *Science Emergent Readers*)
苏珊·卡尼萨雷斯，《风暴》(书系:《科学启蒙读物》)
Vicki Cobb, *I Face the Wind*
维姬·柯布，《我面对风》
Vicki Cobb, *I Get Wet*
维姬·柯布，《我变湿了》
DK Publishing, *Weather* (Series: *Eye Know*)
DK出版社，《天气》(书系:《眼睛看见》)
Edana Eckart, *Watching the Weather* (Series: *Welcome Books: Watching Nature*)
艾德娜·爱卡，《看天气》(书系:《欢迎看看大自然》)
Allan Fowler, *Can You See the Wind?*
艾伦·富勒，《你能看见风吗？》
Allan Fowler, *What Do You See In A Cloud?* (Series: *Rookie Read-About Science*)
艾伦·富勒，《你看云中有什么？》(书系:《新手读书系列——关于科学》)
Tish Gabe, *oh Say, Can You Say, What's the Weather Today?* (Series: *Cat in the Hat Learning Library*)
蒂什·加布，《噢，说，你可以说，今天天气如何？》(书系:《戴帽子的猫的学习图书馆》)
Gail Gibbons, *Weather Words and What they Mean*
盖尔·吉本斯，《有关天气的词及其含义》
Monica Hughes, *Weather Patterns* (Series: *Nature's Patterns*)
莫妮卡·休斯，《天气模式》(书系:《自然模式》)
Etta Kaner, *Who Likes the Sun?* (Other books include: *Who Likes the Wind?; Who Likes the Snow?; Who Likes the Rain?*)
埃特·卡纳尔，《谁喜欢太阳？》(其

他书目包括：《谁喜欢风？》《谁喜欢雪？》《谁喜欢雨？》）

Katharine Kenah, *Wild Weather*（Series: *Extreme Readers*）

凯瑟琳·基纳，《天有风云》（书系：《非常读物》）

Faye Robinson, *Where Do Puddles Go?*（Series: *Rookie Read-About Science*）

法耶·罗宾逊，《水坑去哪儿呢？》（书系：《新手读书系列——关于科学》）

初级晚期/二到三年级

Simon Adams, *The Best Book of Weather*

西蒙·亚当斯，《关于天气最棒的书》

Franklyn M. Branley, *Down Comes the Rain*

富兰克林·M.布兰得利，《下雨了》

Franklyn M. Branley, *Flash, Crash, Rumble and Roll*

富兰克林·M.布兰得利，《闪电、碰撞、隆隆作响和滚动起伏》

Tomie de Paola, *The Cloud Book*

汤米·狄波拉，《云书》

Lynda DeWitt, *What Will the Weather Be?*（Series: *Let's Read and Find Out About Science*）

琳达·德威特，《天气会怎样？》（书系：《让我们阅读并发现科学》）

Arthur Dorros, *Feel the Wind*

亚瑟·达罗斯，《感受风》

Helen Frost, *The Water Cycle*

海伦·弗罗斯特，《水循环》

B. A. Hoena, *Weather ABC: An Alphabet Book*

B.A.霍娜，《天气基础知识：一部字母书》

Bobbie Kalman, *The Water Cycle*

波比·卡尔曼，《水循环》

Marie-Anne Legault, *Scholastic Atlas of Weather*

玛丽–安娜·莱格特，《学乐天气地图》

Pat Michael, *W is for Wind: A Weather Alphabet*

帕特·迈克尔，《W代表风：天气字母》

Marilyn Singer, *On the Same Day in March: A Tour of The World's Weather*

玛丽莲·辛格，《三月的同一天:游览世界天气》

Neil Waldman, *Snowflake: A Water Cycle Story*

尼尔·瓦尔德曼，《雪花：水循环的故事》

中级/四到七年级

Melvin Berger, *Hurricanes Have Eyes But Can't See: And Other Amazing Facts About Wild Weather*

梅尔文·伯杰，《飓风有眼但看不见：及其他有关恶劣天气的惊人事实》

Melvin & Glida Berger, *Can It Rain Cats and Dogs?*（Series: *Scholastic Q & A*; other titles include: *Do Tornadoes Really Twist?*）

梅尔文·伯杰、吉尔达·伯杰，《大雨究竟有多大？》（书系：《学乐问答系列》，其他书目包括：《龙卷风真的有漩涡吗？》）

Julie Hannah, *The Man Who Named Clouds*
朱莉·汉娜，《给云取名的人》
Bobbie Kalman, *Changing Weather: Storms*
波比·卡尔曼，《变化无常的天气：风暴》
Steven P. Kramer, *Lightning*
斯蒂芬·P.克雷默，《闪电》
Steven P. Kramer, *Tornadoes*
斯蒂芬·P.克雷默，《龙卷风》
Thomas Locker, *Cloud Dance*
托马斯·洛克，《云之舞》
Thomas Locker, *Water Dance*
托马斯·洛克，《水之舞》
Seymour Simon, *Weather*
西摩·西蒙，《天气》
Mark Shulman, *Super Storms that Rocked the World*
马克·舒尔曼，《撼动世界的超级风暴》
David Suzuki, *Looking At Weather*
大卫·铃木，《观察天气》
John Woodward, *Weather Watcher* (Series: *DK Nature Activities*)
约翰·伍德沃德，《天气观察者》（书系：DK自然活动）
Valerie Wyatt, *Weather FAQ's*
瓦莱丽·怀亚特，《常见天气问题解答》

极端环境

初级早期/学前班到一年级

Katharine Kenah, *Extreme Planet* (Series: *Extreme Readers*)
凯瑟琳·基纳，《极端行星》（书系：《非常读物》）

初级晚期/二到三年级

Sheldon Brooks, *Life in the Arctic*
谢尔登·布鲁克斯，《北极生活》
Merideth Hooper, *Ice Trap! Shackleton's Incredible Expedition*
梅里·霍伯，《南极之旅！沙克尔顿不可思议的探险》
Claire Llewellyn, *Survive at Sea*
克莱尔·卢埃林，《海上生存》
Anne Schreiber, *Volcanoes!* (Series: *Natioanl Geographic Kids*)
安妮·施赖伯，《火山！》（书系：《儿童国家地理》）

中级/四到七年级

Nicola Davies, *Extrme Animals* (DI)
尼古拉·戴维斯，《极地动物》
Broughton Coburn, *Triumph on Everest: A Photobiography of Sir Edmund Hillary*
布劳顿·科伯恩，《珠穆朗玛峰的胜利：埃德蒙·希拉里爵士的传记画册》
Kathy Conlan, *Under the Ice*
凯西·康兰，《冰下》
Steve Jenkins, *Hottest, Coldest, Highest, Deepest*
史蒂夫·詹金斯，《最热的、最冷的、最高的、最深的》
Steve Jenkins, *On Top of the World* (T)
史蒂夫·詹金斯，《世界之巅》
Laurie Skreslet, *To the Top of Everest*
劳里·斯克勒斯莱特，《登顶珠峰》
Holly Wallace, *The Mysteries of Atlantis*
霍利·华莱士，《亚特兰提斯的奥秘》
Christine Webster, *Glaciers*

克里斯汀·韦伯斯特,《冰川》

每日和季节变化

初级早期/学前班到一年级

Robin Bernard, *A Tree for All Seasons*
罗宾·伯纳德,《树的四季》
Stella Blackstone, *Skip Through the Seasons*
斯特拉·布拉克斯通,《跨越季节》
Megan Montague Cash, *What Makes the Seasons?*
梅根·蒙塔古·凯西,《谁选出了季节?》
Edana Eckart, *Watching the Seasons* (Series: *Welcome Books*)
艾达娜·爱卡,《观察四季》(书系:《欢迎书》)
Allan Fowler, *How Do You Know it's Fall?* (Series: *Rookie Read-About Science;* other titles include: *How Do You Know it's winter?; How Do You Know it's Spring?; How Do You Know it's Summer?*)
艾伦·富勒,《你怎么知道这是秋天?》(书系:《新手读书系列——关于科学》,其他书目包括:《你怎么知道这是冬天?》《你怎么知道这是春天?》《你怎么知道这是夏天?》)
Carole Gerber, *Leaf Jumpers*
卡罗尔·吉尔伯,《与落叶共舞》
Linda Glasser, *It's Spring* (See also: *It's Fall; It's winter; It's Summer*)
琳达·格拉瑟,《这是春天》(另请参阅:《这是秋天》《这是冬天》《这是夏天》)
Ann Herriges, *Winter* (Series: *Blast Off Readers! Seasons;* other titles include: *Spring; Summer; Fall*)
安·哈瑞吉斯,《冬天》(书系:《出发了,小读者!季节》,其他书目包括:《春天》《夏天》《秋天》)
Claire Llewellyn, *Paint a Sun in the Sky: A First Look at Seasons*
克莱尔·卢埃林,《画一轮太阳在空中:季节初探》
Victoria Parker, *Days Out in Winter* (Series: *Little Nippers;* other books include: *Days Out in Spring; Days Out in Summer*)
维多利亚·帕克,《冬天的日子》(书系:《小钳子》,其他书目包括:《春天的日子》《夏天的日子》)
Nuria Roca, *Summer* (Series: *Four Seasons;* other titles include: *Fall; Spring; Winter*)
纽莉娅·罗卡,《夏天》(书系:《四季》,其他书目包括:《秋天》《春天》《冬天》)
Anne Rockwell, *Four Seasons Make A Year*
安妮·罗克韦尔,《四季成一年》
June Young, *Look How It Changes* (Series: *Rookie Read-About Science*)
琼·杨,《看它怎么变》(书系:《新手读书系列——关于科学》)

初级晚期/二到三年级

Robin Bernard, *A Tree for All Seasons*
罗宾·伯纳德,《树的四季》
Franklyn M. Branley, *Sunshine Makes the Seasons*
富兰克林·M.布兰得利,《阳光造就四季》
Franklyn M. Branley, *What Makes*

Night and Day?
富兰克林·M. 布兰得利，《黑夜与白昼由何而造？》
Gail Gibbons, *The Reasons for Seasons*
盖尔·吉本斯，《季节的缘由》
Gail Gibbons, *The Seasons for Arnold's Apple Tree*
盖尔·吉本斯，《阿诺德苹果树的四季》
Bobbie Kalman, *Changing Seasons*
波比·卡尔曼，《季节更迭》
Grace Lin & Ranida McKneally, *Our Seasons*
格雷斯·林、阿妮达·麦克利，《我们的季节》
Claire Llewellyn, *Day and Night* (Series: *I Know That: Cycles of Nature*)
克莱尔·卢埃林，《白昼与黑夜》(书系：《我懂那：自然循环》)
Betsy Maestro, *Why Do Leaves Change Color?*
贝琪·马埃斯特罗，《叶子的颜色为何会变？》
Michael Ross, *Earth Cycles*
迈克尔·罗斯，《地球循环》
Angela Royston, *Looking At Weather and Seasons: How Do They Change?*
安吉拉·罗伊斯顿，《观察天气和季节：看其如何变化？》
David Stewart, *Seasons* (Series: *Cycles of Life*)
大卫·斯图瓦特，《季节》(书系：《生命循环》)
Brenda Walpole, *I Wonder Why the Sun Rises and Other Questions About Time and Seasons* (Series: *I Wonder Why...*)
布伦达·波沃尔，《我想知道太阳为何升起及其他关于时间和季节的问题》(书系：《我想知道为什么》)

中级/四到七年级

Sylvia A. Johnson, *How Leaves Change*
西尔维亚·A.约翰逊，《叶子如何变化》
Annie Jones, *The Four Seasons: Uncovering Nature*
安妮·琼斯，《四季：揭秘自然》

空气、水、土壤

初级早期/学前班到一年级

Frank Asch, *Water*
弗兰克·阿希，《水》
Susan Canizares, *Water* (Series: *Science Emergent Readers*)
苏珊·卡尼萨雷斯，《水》(书系：《科学启蒙读物》)
Allan Fowler, *It Could Still Be Water* (Series: *Rookie Read-About Science*)
艾伦·富勒，《它仍然是水》(书系：《新手读书系列——关于科学》)
Sam Godwin, *The Drop Goes Plop: A First Look At the Water Cycle*
山姆·古德温，《水滴下落：水循环初探》
Gordon Morrison, *A Drop of Water*
戈登·莫里森，《一滴水》
Emily Neye, *Water* (Series: *All Aboard Science Reader*)
艾米丽·勒伊，《水》(书系：《科学

读物大全》)
Michael Elsohn Ross, *Re-Cycles* (Series: *Cycles*)
迈克尔·埃尔索·罗斯,《再循环》(书系:《循环》)

初级晚期/二到三年级

Christine Ditchfield, *Soil* (Series: *True Books: Natural Resources*)
克里斯汀·迪茨费德,《土壤》(书系:《真正的书:自然资源》)
Arthur Durros, *Follow The Water From Brook To Ocean* (Series: *Let's Read and Find Out About Science*)
亚瑟·都拉斯,《跟着水从小溪到海洋》(书系:《让我们阅读并发现科学》)
Helen Frost, *Water as a Liquid* (See also: *Water as A Solid; Water as A Gas*)
海伦·弗罗斯特,《液态的水》(另请参阅:《固态的水》《气态的水》)
Bobbie Kalman, *The Water Cycle*
波比·卡尔曼,《水循环》
Barbara Kerley, *A Cool Drink of Water*
芭芭拉·科里,《透心凉》
Rebecca Olien, *The Water Cycle* (Series: *First Facts: Water All Around*)
丽贝卡·奥利恩,《水循环》(书系:《首要事实:周围的水》)
Victoria Parker, *Air* (Series: *What Living Things Need*)
维多利亚·帕克,《空气》(书系:《生物需要什么》)
Victoria Parker, *Water* (Series: *What Living Things Need*)
维多利亚·帕克,《水》(书系:《生物需要什么》)
Natalie M. Rosinsky, *Dirt: The Scoop on Soil*
纳塔利·M. 荣森斯基,《泥土:土壤之独家报道》
Natalie M. Rosinsky, *Water Up and Down and All Around*
纳塔利·M. 荣森斯基,《四面八方的水》
Alvin Silverstein, *Life in a Bucket of Soil*
阿尔文·西尔弗斯坦,《一桶土壤中的生命》
Steve Tomecek, *Dirt* (Series: *Jump Into Science*)
斯蒂夫·托米塞克,《泥土》(书系:《跳入科学》)
Neil Waldman, *The Snowflake: A Water Cycle Story*
尼尔·瓦尔德曼,《雪花:水循环的故事》

中级/四到七年级

Raymond Bial, *A Handful of Dirt*
雷蒙德·比亚尔,《一把泥土》
Paulette Bourgeois, *The Dirt on Dirt*
宝莱特·布尔乔亚,《泥土上的泥土》
Anita Ganer, *Water Cycle* (Series: *Nature's Patterns*)
安妮塔·戛纳,《水循环》(书系:《自然的模式》)
Beth Gurney, *Sand and Soil*
贝思·格尼,《沙砾和土壤》
Cheryl Jakab, *The Water Cycle* (Series: *Earth's Cycles*)

谢丽尔·雅卡布,《水循环》(书系:《地球的循环》)

David L. Lindbo, *SOIL! Get the Inside Scoop*

大卫·L.琳达,《土壤!获得独家内幕》

Barbara McKinney, *A Drop Around the World*

芭芭拉·麦金尼,《一滴水的环游》

Steve Parker, *The Science of Water: Projects and Experiments With Water and Power*

史蒂夫·帕克,《水的科学:水和力的项目和实验》

Christine Petersen, *Water Power* (Series: *True Books*)

克里斯汀·彼得森,《水能》(书系:《真正的书》)

Jim Pipe, Earthwise: *Water*

吉姆·派普,《关于地球:水》

Angela Royston, *The Life and Times of a Drop of Water*

安吉拉·罗伊斯顿,《一滴水的生命和时间》

Rochelle Strauss, *One Well: The Story of Water on Earth* (T)

罗谢尔·施特劳斯,《一口井:地球上水的故事》

Sally M. Walker, *Soil* (Series: *Early Bird Earth Science*)

萨利·M. 沃克,《土壤》(书系:《早鸟地球科学》)

Walter Wick, *A Drop of Water*

沃尔特·维克,《一滴水》

物理科学:力/简单机械

初级早期/学前班到一年级

Michael Dahl, *Pull, Lift and Lower: A Book About Pulleys* (See also: *Scoop, Seesaw and Raise: A Book About Levers; Roll, Slope and Slide: A Book About Ramps; Cut, Chop and Stop: A Book About Wedges*)

迈克尔·达尔,《拉、举和下降:一本关于滑轮的书》(另请参阅:《舀,上上下下和上举:一本关于杠杆的书》《滚,倾斜和下滑:一本关于斜坡的书》《切,劈和停:一本关于楔子的书》)

Lloyd G. Douglas, *What is a Lever?*

劳埃德·G.道格拉斯,《杠杆是什么?》

Allan Fowler, *Simple Machines* (Series: *Rookie Read-About Science*)

艾伦·富勒,《简单器械》(书系:《新手读书系列——关于科学》)

Allan Fowler, *What Magnets Can Do?*

艾伦·富勒,《磁铁能做什么?》

Sally Hewitt, *Amazing Forces and Movements* (Series: *Amazing Science*)

萨利·休伊特,《惊人的力和运动》(书系:《神奇的科学》)

Claire Llewellyn, *And Everyone Shouted "PULL!" A First Look at Forces and Motion*

克莱尔·卢埃林,《人人都喊"拉",力和运动初探》

Adrienne Mason, *Move It! Forces,*

Motion and You
艾德丽·安梅森,《移动它！力，运动和你》
Patricia J. Murphy, *Push and Pull* (Series: *Rookie Read-About Science*)
帕特里夏·J. 墨菲,《推与拉》(书系：《新手读书系列——关于科学》)

初级晚期/二到三年级

Kimberly Brubaker Bradley, *Forces Make Things Move*
金伯利·布鲁贝克尔·布拉德利,《力移动物体》
Susan Canizares, *Simple Machines* (Series: *Science Emergent Readers*)
苏珊·卡尼萨雷斯,《简单机械》(书系:《科学启蒙读物》)
Joanna Cole, *The Magic School Bus Plays Ball: A book about forces*
乔安娜·柯尔,《神奇校车玩球：关于力量的书》
Sally Hewitt, *Forces Around Us*
萨利·休威特,《我们周围的力》
Sally Hewitt, *Machines We Use*
萨利·休威特,《我们使用的机械》
Deborah Hodge, *Simple Machines*
德伯拉·霍兹,《简单机械》
Claire Llewellyn, *Push and Pull* (Series: *I Know That!*)
克莱尔·卢埃林,《推与拉》(书系：《我知道那！》)
Rebecca Olien, *Motion*
丽贝卡·奥利恩,《运动》
Chris Oxlade, *Pulleys* (Series: *Simple Machines;* other titles include: *Levers; Screws; Wedges; Wheels*)
克里斯·奥克斯雷德,《滑轮》(书系：《简单机械》, 其他书目包括:《杠杆》《螺丝》《楔子》《轮子》)
Sally M. Walker, *Inclined Planes and Wedges*萨利·M.沃克,《斜面和楔子》
Robert E. Wells, *How Do You Lift A Lion?*
罗伯特·E.韦尔斯,《你怎样举起一头狮子？》
Anne Welsbacher, *Levers: Understanding Simple Machines* (See also: *Pulleys; Wheels and Axels; Levers*)
安妮·韦尔巴彻,《杠杆：理解简单机械》(另请参阅:《滑轮》《车轮与车轴》《杠杆》)

中级/四到七年级

Michael A. DiSpezio, *Awesome Experiments: Forces and Motion*
迈克尔·A.迪斯拜齐奥,《超棒的实验：力和运动》
John Farndon, *Levers Wheels and Pulleys*
约翰·范顿,《杠杆、轮子与滑轮》
Peter Lafferty, *Eyewitness: Force and Motion*
彼德·拉弗蒂,《目睹：力和运动》
Peter D. Riley, *Forces and Movement* (Series: *Straightforward Science*)
彼得·D.莱利,《力和运动》(书系：《简易科学》)
Alastair Smith, *Energy, Forces and Motion* (Series: *Usborne Library of Science*)
阿拉斯泰尔·史密斯,《能量、力与

运动》(书系:《奥斯本科学图书馆》)

材料/结构

初级早期/学前班到一年级

Byron Barton, *Building a House*
拜伦·巴顿,《盖房子》
Sally Hewitt, *Amazing Materials* (Series: *Amazing Science*)
萨利·休威特,《神奇的材料》(书系:《神奇的科学》)
Ryan Ann Hunter, *Cross a Bridge*
瑞安·安·亨特,《过桥》
Robin Nelson, *From Cement to Bridge* (Series: *From Start to Finish*)
罗宾·尼尔森,《从水泥到桥》(书系:《从无到有》)
Sue Tarsky, *The Busy Building Book*
苏·塔尔斯基,《忙忙碌碌造房子》
Shannon Zemlicka, *From Sand to Glass* (Series: *From Start to Finish*)
香侬·佐利克,《从沙子到玻璃》(书系:《从无到有》)

初级晚期/二到三年级

Gail Gibbons, *How a House is Built*
盖尔·吉本斯,《怎样盖房子》
Bobbie Kalman, *Everyday Structures from A to Z*
波比·卡尔曼,《周围的结构字母书》
Bert Kitchen, *And So They Build*
伯特·基钦,《它们如此建造》
Adrienne Mason, *Build It: Structures, Systems and You*
爱得利尼·梅森,《把它建造起来吧:结构、系统和你》
David Evelyn Stewart, *Animal Builders*
大卫·伊夫林·斯图尔特,《动物建筑师》
Maxwell Newhouse, *The House That Max Built*
麦克斯韦尔·纽豪斯,《麦克斯盖的房子》
Philemon Sturges, *Bridges Are To Cross*
菲利蒙·史塔奇,《桥是用于跨越的》

中级/四到七年级

Gillian Clements, *The Picture History of Great Buildings*
吉莉安·克莱蒙特,《伟大建筑图史》
Clive Gifford, *Materials* (Series: *Kingfisher Young Knowledge*)
克莱夫·吉福德,《材料》(书系:《翠鸟童学知识》)
Etta Kaner, *Bridges*
伊塔·卡纳尔,《桥梁》
Etta Kaner, *Towers and Tunnels*
伊塔·卡纳尔,《塔与隧道》
Elaine Landau, *Bridges* (Series: *True Books About Buildings and Structure*; other titles include: *Tunnels; Skyscrapers; Canals*)
伊莱恩·兰多,《桥梁》(书系:《有关建筑与结构的真正的书》,其他书目包括:《隧道》《摩天大楼》《运河》)
Bill Slavin, *Transformed: How Everyday Things Are Made*
比尔·斯莱文,《变形:常见物品是怎么来的》
Editors of YES magazines, *Fantastic*

Feats and Failures YES
杂志编辑,《了不起的壮举和失败》

物质属性

初级早期/学前班到一年级

Don L. Curry, *What is Mass?*（Series: *Rookie Read-About Science*）
唐·L.卡里,《质量是什么》（书系:《新手读书系列——关于科学》）
Don L. Curry, *What is Matter?*（Series: *Rookie Read-About Science*）
唐·L.卡里,《什么是物质》（书系:《新手读书系列——关于科学》）
Ginger Garrett, *Solids, Liquids and Gases*（Series: *Rookie Read-About Science*）
金杰·加勒特,《固体、液体和气体》（书系:《新手读书系列——关于科学》）
Tana Hoban, *Is it Rough? Is it Smooth? Is it Shiny?*
塔那·赫班,《它粗糙吗？它光滑吗？它闪亮吗？》

初级晚期/二到三年级

Helen Frost, *Water as a Liquid*（See also: *Water as A Solid; Water as A Gas*）
海伦·弗罗斯特,《液态的水》（另请参阅:《固态的水》《气态的水》）
Sally Hewitt, Solid, *Liquid or Gas?*（Series: *It's Science!*）
萨利·休威特,《固体、液体还是气体？》（书系:《这就是科学》）
Adrienne Mason, *Change it! Solids, Liquids, Gases and You*
阿得利安·梅森,《改变它吧！固体、气体、液体和你》
Adrienne Mason, *Touch It! Materials, Matter and You*
阿得利安·梅森,《摸摸它！材料、物质和你》
Ontario Science Centre, *Solids, Liquids and Gases*
安大略科学中心,《固体、液体和气体》
Michael Elsohn Ross, *What's the Matter in Mr. Whisker's Room?*
迈克尔·埃尔森·罗斯,《威斯克先生的屋子怎么啦？》
Darlene L. Stille, *Matter: See it, Touch it, Taste it, Smell it*
达莲娜·L.斯蒂尔,《物质：去看，去摸，去尝，去嗅》
Christine Webster, *Matter*
克莉丝汀·韦伯斯特,《物质》
Kathleen Weidner Zoehfeld, *What is the World Made of? All About Solids, Liquids and Gases*
凯斯林·威德纳·左菲尔德,《世界是由什么构成？关于固体、液体、气体的一切》

中级/四到七年级

Jacqui Bailey, *How Can Solids Be Changed?*（Series: *Investigation Science*）
杰奎·贝利,《如何改变固体？》（书系:《调查科学》）
Christopher Cooper, *Eyewitness Matter*
克里斯托弗·库伯,《眼见为实》
Alastair Smith, *Solids, Liquids and Gases*

(Series: *Usborne Library of Science*)
阿拉斯泰尔·史密斯,《固体、液体和气体》(书系:《奥斯本科学图书馆》)

社会科学: 自我/家庭/社区

初级早期/学前班到一年级

Bobbie Kalman, *What is a Community? A-Z* (C)
波比·卡尔曼,《社区是什么? A-Z》
Sindy Mckay, *My Town* (Series: *We Both Read*)
辛迪·麦凯,《我们镇》(书系:《我们都读》)
Ann Morris, *Families* (Series: *Around the World*)(C)
安·莫里斯,《家族》(书系:《环游世界》)
Todd Parr, *The Family Book* (C)
托德·帕尔,《关于家的书》
Nuria Roca, *Your Family Tree* (Series: *What Do You Know About...?*)
纽里·罗卡,《你的家谱》(书系:《你对……了解多少》)
Mari C. Schuh, *In My Town* (Series: *Pebble Books: My World*)
玛丽·C. 舒,《我的家乡》(书系:《鹅卵石书系: 我的世界》)
Rebecca Treays, *My Street* (Series: *Young Geography*)(C)
丽贝卡·特里伊斯,《我的街道》(书系:《儿童地理》)
Rebecca Treays, *My Town* (Series: *Young Geography*)(C)
丽贝卡·特里伊斯,《我们镇》(书系:《儿童地理》)
Lisa Trumbauer, *Living in a City* (Series: *Communities*)
丽萨·特鲁博尔,《都市生活》(书系:《社区》)

初级晚期/二到三年级

Heather Adamson, *A Day in the Life of a Police Officer* (Series: *First Facts: Community Helpers at Work;* other titles include: *Day in the life of a Teacher; Day in the Life of a Veterinarian; Day in the life of a Farmer*)
希瑟·亚当森,《警员的一天》(书系:《首要事实: 社区协助者的工作》, 其他书目包括:《教师的一天》《兽医的一天》《农夫的一天》)
Maya Ajmera, *Be My Neighbour*
玛亚·阿梅拉,《做我的邻居》
Maya Ajmera, *To Be A Kid*
玛亚·阿梅拉,《做一个孩子》
Paulette Bourgeois, *Fire Fighters* (Series: *In My Neighborhood;* other titles include: *Garbage Collectors; Postal Workers; Police Officers*)
宝莱特·布尔乔,《消防员》(书系:《我家附近》, 其他书目包括:《清洁工人》《邮递员》《警员》)
Lisa Bullard, *My Neighbourhood: Places and Faces* (C)
丽萨·布拉德,《我的邻居: 地方和面孔》
Barbara Kerley, *You and Me Together:*

Moms, Dads and Kids Around the World(C, T)
芭芭拉·科雷,《你们和我在一起:全世界的妈妈,爸爸和孩子们》
Bobbie Kalman, *Community Helpers A-Z*(Series: Alphabasics)
波比·卡尔曼,《社团协助者A-Z》(书系:《字母书》)
Ann Love, *Canada at Work series* (Titles *includes: Farming; Mining; Fishing; Forestry*)
安·洛芙,《加拿大工作系列丛书》(书目包括:《农业》《矿业》《渔业》《林业》)
Joan Sweeny, *Me and My Family Tree*(C)
琼·斯威尼,《我和我的家谱》

中级/四到七年级

Lisa Easterling, *Families: Our Global Community*
丽萨·伊斯特林,《家庭:我们的地球村》
Weigl Educational, *Linking Canadian Communities series* (Titles include: *Farming; Energy; Fishing; Forestry; Mining*)
魏格尔教育,《全加拿大社区连起来系列丛书》(书目包括:《农业》《能源》《渔业》《林业》《矿业》)

地理/地图/全球意识

初级早期/学前班到一年级

Rebecca Adburg, *Map Keys*
丽贝卡·阿德伯格,《地图键》
Neil Chesanow, *Where Do I Live?*
尼尔·迟莎罗,《我住在哪儿?》
Allan Fowler, *North, South, East, West*
艾伦·富勒,《东南西北》
Linda Glaser, *Our Big Home*(T)
琳达·格拉泽,《我们的大家庭》
Jack Knowlton, *Maps and Globes*
杰克·诺顿,《地图与地球仪》
Wil Mara, *The Four Oceans* (Series: *Rookie Read-About Geography;* other titles include: *The Seven Continents*)
维尔·玛拉,《四大洋》(书系:《新手读书系列——关于地理》,其他书目包括:《七大洲》)
Bill Martin Jr., *I Live Our Earth*
比尔·马丁,《我居住在地球》
Marjorie Priceman, *How To Make An Apple Pie and See the World*
马乔里·普莱斯曼,《怎样做苹果派和看世界》
Tish Rabe, *There's a Map on My Lap* (Series: *Cat in the Hat Learning Library*)
蒂什·拉贝,《我双膝上有张地图》(书系:《戴帽子的猫的学习图书馆》)
Marilyn Singer, *9 O'Clock Lullaby*
玛丽莲·辛格,《九点钟的摇篮曲》
Joan Sweeny, *Me on the Map*
琼·斯维尼,《地图上的我》

初级晚期/二到三年级

Marta Segal Block, *Mapping Your Community*(Series: *First Guid to Maps*)
玛尔塔·西格尔·布洛克,《绘制你社

区的地图》(书系:《第一本关于地图的指南》)
Felicity Brooks, *First Encyclopedia of Our World*
费利西蒂·布鲁克斯:《第一本关于我们的世界的百科全书》
Deborah Chancellor, *Maps and Mapping*
黛博拉·钱塞勒:《地图和地图绘制》
Neil Chesanow, *Where Do I Live?*
尼尔·切萨农,《我住在哪儿?》
Sara Fanelli, *My Map Book*
莎拉·方纳利,《我的地图册》
Gail Gibbons, *Planet Earth: Inside and Out*
盖尔·吉本斯:《地球:内部和外部》
Gail Hartman, *As the Crow Flies: A First Book at Maps*
盖尔·哈特曼,《当乌鸦飞行时:第一本关于地图的书》
Jack Knowlton, *Geography Guide from A-Z*
杰克诺顿,《地理指南从A至Z》
Bobbie Kalman, *The Earth's Oceans*
波比·卡尔曼,《地球上的海洋》
Bobbie Kalman, *Introducing Landforms*
波比·卡尔曼,《地貌介绍》
Loreen Leedy, *Mapping Penny's World*
罗琳·里德,《绘制潘妮的世界》
Laura Ljungkvisit, *Follow the Line Around the World*劳拉·兰克韦斯特,《世界的地貌》
Anne Rockwell, *Our Earth*
安娜·洛克威尔,《我们的地球》
Stacy Schuett, *Somewhere in the World Right Now*
史黛西·苏尔特,《此刻世界某处》
Marilyn Singer, *On the Same Day in March: A Tour of the World's Weather*
玛丽莲·辛格,《三月的同一天:游历世界天气》
W. Frederick Zimmerman, *The World is Flat: NOT!*
W.弗雷德里克·齐默尔曼,《世界是平的:不是!》

中级/四到七年级

Katie Daynes, *See Inside Planet Earth*
凯蒂·戴恩斯,《观察地球内部》
Jane P. Gardner, *The Kids Everything Geography Book*
简·P.加德纳,《儿童地理全书》
Steve Jenkins, Hottest, *Coldest, Highest, Deepest*(T)
史蒂夫·詹金斯,《最热的、最冷的、最高的、最深的》
Briony Pénn, *The Kids Book of Canadian Geography*
波奥尼·佩恩,《加拿大地理儿童书》
Stargazer, *World About Us series*(Each book has text on two levels for students of mixed reading ability; other titles include: *Oceans; Mountains; Rivers; Lakes*)
斯达格泽,《我们周围的世界系列丛书》(每本书都包含难度不同的两种文本以供阅读力不同的学生共读,其他书目包括:《海洋》《山脉》《河流》《湖泊》)

国家和民族

初级早期/学前班到一年级

Michael Dahl, *Countries Around the World series*（Titles include: *Canada; Australia; France; etc.*）
迈克尔·达尔,《世界上的国家系列丛书》(书目包括:《加拿大》《澳大利亚》《法国》等)

Anne Morris, *Houses and Homes*（Series: *Around the World;* other titles include: *Bread, Bread, Bread; Shoes, Shoes, Shoes; Hats, Hats, Hats*）
安娜·莫瑞斯,《房子和家》(书系:《世界》，其他书目包括:《面包、面包、面包》《鞋子、鞋子、鞋子》《帽子、帽子、帽子》)

Henry Pluckrose, *India*（Series: *Picture a Country;* other titles include: *Japan; Germany; France; Egypt*）
亨利·普拉克罗兹,《印度》(书系:《描绘一个国家》，其他书目包括:《日本》《德国》《法国》《埃及》)

Rookie *Read-About Geography series*（Tiles include: *Africa; Canada; Mexico; South American; Japan*）
《新手读书系列——关于地理》(书目包括:《非洲》《加拿大》《墨西哥》《南美》《日本》)

初级晚期/二到三年级

Maya Ajmera, *To Be A Kid*
玛雅·阿梅拉,《做一个孩子》

Justine Fontes, *china A-Z*（Series:*A-Z;* other titles include: *Russia; France; Israel; Spain*）
贾丝廷·丰特斯,《中文拼音A-Z》(书系:《A-Z》，其他书目包括:《俄罗斯》《法国》《以色列》《西班牙》)

Leila Merrell Foster, *Asia*（Series: *Continents;* other titles include: *North America; South America; Europe; Australia*）
莱拉·梅里尔·弗罗斯特,《亚洲》(书系:《大陆》，其他书目包括:《北美》《南美》《欧洲》《澳大利亚》)

Beatrice Hollyer, *Wake Up, World! A Day in the Life of Children Around the World*
比阿特丽斯·霍莉,《醒来啦，世界！全世界的孩子的一天》

Barbara Kerlye, *You and Me Together: Moms, Dads and Kids Around the World*
芭芭拉·科雷,《你们和我在一起：全世界的妈妈，爸爸和孩子们》

Akira Nishicama, *Wonderful Houses Around the World*
阿基拉·尼西卡玛,《世界上的漂亮房子》

Wendy Pfeffer, *A New Beginning: Celebrating the Spring Equinox*
温蒂·普菲弗尔,《新的开始：庆祝春分》

TRIOS series（Three books per country: *Biography; Nonfiction; Folktale*）
《三部曲系列丛书》(每个国家三本书:《传记》《纪实》《民间传说》)

Shannon Zemlicka,（Series: *Colors of the World*）

香农·冉丽卡,(书系:《世界的颜色》)

中级/四到七年级

Anne Claybourne, *Usborne Book of Peoples of the World*
安妮·克莱恩,《奥斯本世界人民书刊》

DK Publishing, *A Life Like Mine: How Children Live Around the World*
DK出版社,《和我一样的生活:世界上的孩子如何生活》

Miles Harvey, *Look What Came From Africa* (Series: *Look What Came From...*; other titles include: *Germany; Mexico; etc.*)
迈尔斯·哈维,《看看什么从非洲来了》(其他书目包括:《德国》《墨西哥》等)

Bobbie Kalman, *Canada: The Land* (Series: *Lands, Peoples, Cultures;* other titles include: *Japan; England; Spain; Peru; etc.*)
波比·卡尔曼,《加拿大:土地》(书系:《土地、人民、文化》,其他书目包括:《日本》《英格兰》《西班牙》《秘鲁》等)

David Smith, *If the World Were a Village*大卫·斯密斯,《如果世界是一个村落》

James Solheim, *It's Disgusting and We Are It!: Food Facts From Around the World*
詹姆斯·索尔海姆,《恶心我们也要吃!:世界各地的食物趣闻》

历史

初级早期/学前班到一年级

Maria Rius, *The Middle Ages* (Series: *Journey Through History*)
玛利亚·利亚斯,《中世纪》(书系:《穿越历史的旅行》)

初级晚期/二到三年级

Phil Roxbee Cox, *Who Were the Romans?* (Series: *Usborne Starting Points History;* other titles include: *Who Built the Pyramids?; What Were Castles For?; Who Were the Vikings?*)
菲儿·罗科斯比·考克斯,《谁是罗马人?》(书系:《奥斯本最初的历史》,其他书目包括:《谁建造了金字塔?》《城堡用来做什么?》《谁是维京人?》)

Sarah N. Harvey, *Leslie Buffam, and Diana Bonder, The West Is Calling*
萨拉·N.哈维、莱斯利·芭范、戴安娜·邦德尔,《西方在召唤》

Betty Stroud, *The Patchwork Path: A Quilt Map to Freedom*
贝蒂·斯特劳德,《拼杂小道:奔向自由的被子地图》

John The Malam, *You Wouldn't Want to Be A Roman Gladiator* (Series: *You Wouldn't Want to Be...*; other titles include: *A Pyramid Builder; A Medieval Knight; A Roman Soldier; A Greek Athlete*)
约翰·马拉姆,《你不会想要成为一名

罗马角斗士》(书系:《你不会想要成为……》,其他书目包括:《金字塔建造者》《中世纪骑士》《罗马士兵》《希腊运动员》)

中级/四到七年级

Stephen Biesty, *Ancient World* (Egypt, *Rome, Greece*)
斯蒂芬·贝斯迪,《古老世界》(《埃及、罗马、希腊》)
Heather Collins, *A Pioneer Story: The Daily Life of a Canadian Family in 1840*
希瑟·柯林斯,《先驱者的故事:1840年一个加拿大家庭的日常生活》
Terry Deary, *Horrible Histories* (Series include: *Vicious Vikings; Frightful First World War; Rotten Romans*)
特里·迪瑞,《可怕的历史》(书系包括:《邪恶的北欧海盗》《可怕的一战》《腐化堕落的罗马人》)
Rebecca L. Grambo, *Digging Canadian History*
丽贝卡·L.格兰博,《挖掘加拿大历史》
Carlotta Hacker, *Kids Book of Canadian History*
卡洛塔哈克,《加拿大历史儿童书》
Adrew Langley, *The Roman News*
安德鲁·兰利,《罗马新闻》
Deb Lucke, *The Book of Time Outs: A Mostly True History of the World's Biggest Troublemakers*
德布·鲁克,《捣蛋者之书:世界上最头疼的麻烦制造者的真实故事》
Fiona MacDonald, *I Wonder Why Greeks Built Temples And Other Questions about Ancient Greece*
菲奥纳·麦克唐纳,《我想知道希腊人为何建造神殿及其他关于古希腊的问题》
Joy Masoff, *Oh Yikes! History's Grossest Moments*
乔伊·玛索夫,《哦呀!历史上最糟糕的时刻》
Alice Schertle, *We* (T)
爱丽丝·西特尔,《我们》
Peter Sis, *The Wall: Growing Up Behind the Iron Curtain*彼得·西斯,《墙:在铁幕后长大》
Miranda Smith, *I Wonder Why Pyramids Were Built and other Questions About Ancient Egypt*
米兰达·斯密斯,《我想知道金字塔为何而建及其他关于古埃及的问题》
Valerie Wyatt, *Who Discovered America?*
瓦莱丽·怀亚特,《谁发现了美洲?》

影响世界的时间

初级早期/学前班到一年级

Mike Artel, *Earth and Me*
麦克·阿特尔,《地球和我》
Denise Fleming, *Where Once There Was A Wood* (T)
丹尼斯·弗莱明,《那儿曾经有片森林》
Rosie Harlow, *Garbage and Recycling: Environment Facts and Discoveries*
罗西·哈洛,《垃圾和再利用:环境现状和发现》

Scholastic First Discovery, *Endangered Animals*
学乐“第一次发现”丛书,《濒危动物》

初级晚期/二到三年级

Jeannie Baker, *Where the Forest Meets the Sea*(T)
珍妮·贝克,《森林在哪里与海洋相会》
Melvin Berger, *Oil Spill*
梅尔文·伯杰,《浮油》
Sean Callery, *I Wonder Why There's a Hole in the Sky and Other Questions About the Environment*(Series: *I Wonder Why*; other titles include: *I Wonder Why the DoDo is Dead and other Questions about Animals in Danger*)(T)
肖恩·卡勒里,《我想知道天空为什么会有一个洞及其他关于环境的问题》(书系:《我想知道为什么》,其他书目包括:《我想知道为什么渡渡鸟灭亡了和其他关于濒危动物的问题》)
Lynne Cherry, *The Great Kapok Tree*(T)
琳妮·彻丽,《大木棉树》
Nicola Davies, *Ice Bear: In the Steps of the Polar Bear*(T)
尼古拉·戴维斯,《冰熊:跟随北极熊》
Michael Driscoll & Prof. Dennis Driscoll, *A Child's Introduction to the Environment*
迈克尔·德里斯科尔、丹尼斯·德里斯科尔教授,《孩子介绍环境》
Steve Jenkins, *Almost Gone*(T)
史蒂夫·詹金斯,《几乎消失了》
Robyn D. Friend, *A Clean Sky: The Global Warming Story*
罗宾·D.弗兰德,《干净的天空:全球变暖的故事》
Anne Rockwell, *Why Are the Ice Caps Melting?*(Series: *Let's Read and Find Out About Science*)
安娜·洛克威尔,《冰帽为什么会融化?》(书系:《让我们阅读并发现科学》)
Paul Showers, *Where Does Garbage Go?*(Series: *Let's Read and Find Out About Science*)
保罗·肖沃斯,《垃圾去哪儿呢?》(书系:《让我们阅读并发现科学》)
Alexandra Wright, *Will We Miss Them?*
亚历山大·怀特,《我们会失去它们吗?》

中级/四到七年级

Dr. Richard Cheel, *Global Warming Alert*
理查德·琦尔博士,《全球变暖的警醒》
Lynne Cherry, *A River Ran Wild: An Environmental History*
琳妮·彻丽,《奔腾的河流:一部环境史》
Laurie David and Cambrion Gordon, *Down to Earth Guide to Global Warming*
劳里·大卫、坎布瑞·戈登,《全球变暖的实用手册》
Fred Pearce, *Earth Then and Now: Amazing Images of Our Changing World*(T)
福瑞德·皮尔斯,《地球今昔:我们变化着的世界的惊人图片》

Jack Platt, *The Vanishing Rainforest*
杰克·普拉特，《消失的雨林》
Rochelle Strauss, *One Well: The Story of Water on Earth*（T）
罗谢尔·施特劳斯，《一口井：地球上水的故事》
David Suzuki, *Looking at the Environment*
大卫·铃木，《观察环境》
Jan Thornhill, *This is My Planet: The Kids Guide to Global Warming*
简·桑希尔，《这是我的星球：全球变暖儿童指南》

世界公民

初级早期/学前班到一年级

Frank Asch, *The Earth and I*法兰克·艾许，《地球和我》
Ellie Bethal, *Michael Recycle*
艾丽·贝瑟尔，《回收小侠迈克尔》
Nancy Elizabeth, *Recycle Every Day*
南希·伊萨贝拉，《日常回收再利用》
Linda Glaser, *Our Big Home*（T）
琳达·格拉泽，《我们的大家庭》
Jen Green, *Why Should I Recycle?*（See also: *Why Should I Save Water?; Why Should I Save Energy?; Why Should I Protect Nature?*）
珍·格林，《我们为什么应该回收再利用？》（另请参阅：《我们为什么应该节约水？》《我们为什么需要节约能源？》《我们为什么应该保护自然？》）
B. J. Hennessey, *Because of You*
B.J.亨尼西，《因为你》
Alison Inches, *I Can Save the Earth! One Little Monster Learns to Reduce, Reuse, and Recycle*
阿利森·英奇斯，《我能拯救地球！一个小怪兽学会去减少、再使用、再循环》
Melanie Walsh, *Ten Things I Can Do to Help My World*
梅勒妮·沃尔什，《我帮助我的世界，我能做的十件事》
Rozanne Lanczak Williams, *Reduce, Reuse, Recycle*（Series: *Emergent Reader Science*）
罗珊·兰克萨克·威廉姆斯，《减少、再使用、再循环》（书系：《科学启蒙读物》）

初级晚期/二到三年级

Alexandra Fix, *Paper*（Series: *Reduce, Reuse, Recycle;* other titles include: *Plastic; Paper; Metal; Glass*）
亚历山德拉·菲克斯，《纸张》（书系：《减少、再使用、再循环》，其他书目包括：《塑料》《纸》《金属》《玻璃》）
Gail Gibbons, *Recycle: A Handbook for Kids*
盖尔·吉本斯，《回收再利用：儿童手册》
Linda Glaser, *Our Home*（T）
琳达·格拉泽，《我们的家》
Barbara Kerley, *A Little Peace*（T）
芭芭拉·克勒，《宁静的和平》
Nuria Roca, *The 3 R's: Reuse, Reduce, Re-cycle*
纽莉娅·罗卡，《三个R's：再使用、减少、再循环》

中级/四到七年级

Amanda Bishop, *How to Reduce Your Carbon Footprint*
阿曼达·毕晓普,《如何减少你的碳足迹》

Laurie David & Cambria Gordon, *Get Down to Earth! What You Can Do to Stop Global Warming*
劳里·大卫、坎布瑞·戈登,《脚踏实地！你能做什么来阻止全球变暖》

Julie Hall, *A Hot Planet Needs Cool Kids*
居里·霍,《一个热的星球需要很酷的孩子》

Pearson, *Save Our Earth* (Series: *Reaching Readers*)
皮尔森,《拯救地球》(书系:《触及读本》)

Shim Schimmel, *Dear Children of the Earth*
西姆·舒密尔,《地球上亲爱的孩子们》

Linda Schwartz, *Earth Book for Kids: Activities to Help Heal the Earth*
琳达·施瓦茨,《儿童地球书：治愈地球的活动》

Jacquie Wines, *You Can Save the Planet*
杰奎·瓦恩斯,《你能拯救地球》

传记

初级早期/学前班到一年级

Cheryl Carson, *Dr. Seuss* (Series: *First Biography;* other titles include: *Alexander Graham Bell; Amelia Earhart; Rosa Parks*)
谢丽尔·卡森，苏斯博士（书系：《第一套传记》，其他书目包括：《亚历山大·格雷汉姆·贝尔》《阿梅莉亚·埃尔哈特》《罗莎·帕克斯》）

Dana Meachen Rau, *Neil Armstrong* (Series: *Rookie Biographies;* other titles include: *Laura Ingalls Wilder; George Washington; Dr. Seuss*)
达纳·密歇·劳,《尼尔·阿姆斯特朗》(书系:《传记入门》，其他书目包括：《劳拉·英格斯·怀德》《乔治·华盛顿》《苏斯博士》)

Jeanette Winter, *Beatrix*
珍妮特·温特,《比阿特丽克斯》

初级晚期/二到三年级

David A. Adler, *A Picture Book of Jackie Robinson* (Series: *Picture Book Biographies;* other titles include: *Thomas Edison; Louis Braille; Amelia Earhart*)
大卫·A.阿德勒,《杰基·罗宾森的图画书》(书系:《图画传记》，其他书目包括:《托马斯·爱迪生》《路易斯·布莱叶》《阿梅莉亚·埃尔哈特》)

Jo Ellen Bogart, *Emily Carr: At the Edge of the World*
乔·艾伦·鲍嘉,《艾米丽·卡尔：世界的边缘》

Robert Coles, *The Story Of Ruby Bridges*
罗伯特·科尔斯,《鲁比·布里奇斯的故事》

Carol Ghiglieri, *Helen Keller* (Series: *Easy Reader Biographies;* other titles include: *Martin Luther King; Alexander*

Graham Bell）

卡罗尔·吉格里瑞，《海伦·凯勒》（书系：《轻松读传记》，其他书目包括：《马丁·路德·金》《亚历山大·格雷汉姆·贝尔》）

Joan Holub, *Vincent Van Gogh*（Series: *Smart About Art;* other titles include: *Pablo Picasso; Edgar Degas; Claude Monet*）

琼·赫鲁伯，《文森特·梵高》（书系：《聪明地对待艺术》，其他书目包括：《巴勃罗·毕加索》《埃德加·德加》《克劳德·莫奈》）

Elizabeth MacLeod, *Samuel De Champlain*（Series: *Kids Can Read;* other titles include: *Lucy Maud Montgomery; The Wright Brothers*）

伊丽莎白·麦克劳德，《塞缪尔·德·尚普兰》（书系：《孩子会阅读》，其他书目包括：《露西·莫德·蒙哥马利》《莱特兄弟》）

Ainslie Manson, *Boy in Motion: Rick Hansen's Story*

安斯利·曼森，《运动的男孩：里克·汉森的故事》

Haydn Middleton, *Captain Cook: The Great Ocean Explorer*（Series: *What's Their Story?;* other titles include: *Cleopatra; Galileo; Gandhi; Amelia Earhart; Thomas Edison*）

海顿·米德尔顿，《库克船长：伟大的海洋探索家》（书系：《他们的故事是什么？》，其他书目包括：《克莉奥帕特拉》《伽利略》《甘地》《阿梅莉亚·埃尔哈特》《托马斯·爱迪生》）

Lesa Cline Ransome, *Helen Keller: The World in Her Heart*

莱萨·克莱因·兰萨姆，《海伦·凯勒：她心中的世界》

Kathy Whitehead, *Art From Her Heart*·

凯西·怀特海德，《她内心深处的艺术》

Jeanette Winter, *My Name is Georgia*

珍妮特·温特，《我的名字叫乔吉亚》

Jeanette Winter, *Wangari's Trees of Peace: A True Story From Africa*（T）

珍妮特·温特，《和平树：一个来自非洲的真实故事》

中级/四到七年级

Gerry Bailey & Karen Foster, *Cleopatra's Coin*（Series: *Stories of Great People;* other titles include: *Armstrong's Moon Rock; Columbus's Chart; Martin Luther King's Microphone; Leonardo's Pallet*）

格里·贝利、凯伦·福斯特，《埃及艳后的硬币》（书系：《伟人的故事》，其他书目包括：《阿姆斯特朗的月球石》；《哥伦布的航海图》《马丁·路德·金的麦克风》《莱昂拉多的调色盘》）

Harry Black, *Canadian Scientists and Inventors*

哈里·布莱克，《加拿大的科学家和发明家》

Amy Ehrlich, *Rachel: The Story of Rachel Carson*

艾米·欧利希，《蕾切尔：蕾切尔·卡森的故事》

Christine King Farris, *My Brother Martin*
克里斯汀·金·法里斯,《我的兄弟马丁》

Laurie Friedman, *Angel Girl*
劳里·弗里德曼,《天使女孩》

Nikki Giovanni, *Rosa*
尼基·乔凡尼,《罗莎》

Kathleen Krull, *Wilma Unlimited: How Wilma Rudolph Became the World's Fastest Woman*
凯瑟琳·克鲁尔,《威尔玛不设限:威尔玛·鲁道夫如何成为世界最快的女人》

Tanya Lloyd Kyl, *Canadian Boys Who Rocked the World*
谭雅·劳埃德·凯尔,《震撼世界的加拿大男孩》

Tanya Lloyd Kyl, *Canadian Girls Who Rocked the World*
谭雅·劳埃德·凯尔,《震撼世界的加拿大女孩》

Kathryn Lansky, *The Librarian Who Measured the Earth*
凯瑟琳·兰斯基,《测量地球的图书管理员》

Kathryn Lansky, *The Man Who Made Time Travel*
凯瑟琳·兰斯基,《让时间旅行的人》

Elizabeth Macleod, *Kids Book of Great Canadians*
伊丽莎白·麦克劳德,《让儿童了解加拿大的伟人》

Joanne Mattern, *Princess Diana* (Series: *DK Biography*)
乔安妮·马特恩,《戴安娜女王》(书系:《DK传记》)

Marc Tyler Nobel, *Boys of Steel: Creators of Superman*
马克·泰勒·诺贝尔,《钢铁男孩:超人创造者》

Bryan Pezzi, *Terry Fox* (Series: *Remarkable Canadians;* other titles include: *Emily Carr; David Suzuki*)
布莱恩·佩琪,《泰瑞·福克斯》(书系:《非凡的加拿大人》, 其他书目包括:《艾米丽·卡尔》《大卫·铃木》)

Peter Sis, *Starry Messenger: Galileo Galilei*
彼得·西斯,《星际信使: 伽利略·伽利雷》

Diane Stanley, *Cleopatra*
黛安·斯坦利,《埃及艳后》

Sue Stauffacher, *Nothing but Trouble: The Story of Althea Gibson*
苏·斯托法切,《只有麻烦: 奥尔西娅·吉布森的故事》

Maxine Trottier, *Canadian Greats* (Series include: *Canadian Inventors; Canadian Leaders; Canadian Heroes; Canadian Explorers*)
玛克辛·特罗蒂尔,《加拿大伟人》(书系包括:《加拿大发明家》《加拿大领袖》《加拿大英雄》《加拿大探险家》)

Maxine Trottier, *Terry Fox: A Story of Hope*
玛克辛·特罗蒂尔,《泰瑞·福克斯:一则希望的故事》

Jeanette Winter, *Emily Dickinson's Letters to the World*
珍妮特·温特,《艾米丽·迪金森给世界的信》
Jeanette Winter, *The Librarian of Basra: A True Story From Ira*
珍妮特·温特,《巴士拉的图书管理员:伊拉克的真实故事》
Jane Yolen, *Encounter*
简·约伦,《邂逅》
Jane Breskin Zalben, *Paths to Peace: People Who Changed the World*
简·布拉斯·扎尔比,《和平之路:改变世界的人们》

四、知识读物阅读策略

我总是在我的专题研讨会上跟教师们说，他们不需要知识读物阅读策略模型，也不需要阅读策略参考书目。教师清晰的教学方法才是教授阅读理解的基础。

在有效的识字指导中，教师通过支撑和引导课堂教学来选择策略，为学生学习做示范，提供课程框架。通过引导性实践以及与彼此的互动，学生在使用新策略方面越来越熟练；与此同时，教师可以逐渐将讲解策略的责任教授给学生，以鼓励他们自己实践（皮尔森 & 加拉赫，1983）。这种最出色的学习模式也被称为责任的逐渐释放模式。其最终目标是让学生真正学到策略，并知道什么时候使用这些策略、使用原因和使用方法。

责任的逐渐释放

1.教师示范:“我做，你们看。”	·2—3次课程 ·解释、展示、朗读/有声思维
2.引导性实践:“我们一起实践，我会提供技巧来支持你们。”	·4—6次课程 ·教师和学生分成大组和小组共同实践
3.独立练习:“你们做，我看。”	·4—6次课程 ·学生在教师的监督下尝试自己练习，教师可能需要给予更多支持
4.应用:“学生自己做。”	·真正的阅读经历

在知识读物文本阅读力教学的最初阶段，教师应该将技巧逐个教授给学生。教师要逐个教授技巧，在几周之内重点教授一种技巧，然后再开始教授下一个。对于每一种技巧来说，解释概念、教师示范、引导性示范和独立练习这五步支撑起了整个教学流程。根据学生阅读水平和难易程度的不同，教师在教授不同阅读技巧时花费的时间会不同，只有让学生多练习才可以收获到好的学习效果。

> 学生们需要过程清楚明确的示范、展示和指导，但是任务少一些。
>
> ——阿灵顿 & 坎宁安

1.教师示范

教师需要在示范过程中阅读文本，并进行有声思维，这是学生目睹带着技巧阅读的最有效方式。我们可以讨论“主动阅读者的阅读方法”，但是，除非我们向学生展示什么是主动阅读，否则学生们无法练习。“研读文本”已经成为许多课堂的常规做法，积极的有声思维方法也开始显得比只是默默阅读有效很多。

> 阅读只是无声的对话。
>
> ——W.S.兰德

我们需要使思考变得形象、具体，我们可以通过许多不同的方式做到这一点。阅读时，你可以将便利贴直接粘贴在页面上，这能够显示出你“思考的声音”。同样，你也可以将谈论气泡和思考气泡的大块白色剪纸粘贴在尺子上（参见第75页模板），以便举起并展示你是否在用自己的“说话声音”进行阅读（谈论气泡）或解释你的“思考声音”表达了哪些内容（思考气泡）。示范阶段的关键是教师要向学生传达：阅读是一个互动的过程。

在开始阅读之前，解释你之所以这么做是因为需要示范必要的过程：

阅读者在阅读时发出两个声音：一个是说话的声音，另一个是

> 我走访过一些小学课堂，课堂上，每个学生的手工棒上都标有自己的“思考小气泡”。在教师引导学生进行大声朗读时，学生们使用这些气泡来显示他们正在思考。当每个学生提出自己的联结或问题时，他们会将思考小气泡传递给老师，或将思考小气泡放入篮筐中。这使每个人都有机会分享自己的想法。

思考的声音。说话的声音是阅读其他人撰写在页面上的文字。思考的声音是你头脑中的声音，你使用这个声音努力理解你所阅读的文本。今天，我会在一开始使用我的说话的声音阅读本书中的文字，但是随后，我将在阅读时注意我的思考的过程。当我发现自己进行联结时（或提出问题，或做出推测），我将停止阅读，告诉你们我正在思考的内容。与仅阅读文字相比，这种阅读可能会花费略长的时间，但是，我的确想向你们展示思考的过程是什么样子的。这种情况时常出现：当你进行无声阅读时，你既没有发出声音，也没有进行有声思考。但是，我需要你时刻记得——虽然你没有发出声音进行阅读，但是，你的思考的声音要十分响亮！

2.引导性实践

引导性实践也是教授技巧过程中的重要一步。虽然人们十分看重教师示范的重要性，但是，引导性实践的重要性却往往被人们忽略。卡罗尔·奥马利是我在识字指导领域的同行，她与我分享了一个例子：运用“自我实践”模式教授学生如何骑自行车。想象一下，如果我们将孩子放在草坪上，做几次骑自行车的“示范”，按照这样的方法教授孩子如何骑自行车，然后让他们自己进行尝试。结果会怎样？我们会花费大量时间“引导他们的实践”：在自行车上安装训练轮、手扶自行车一侧或后方、在他们骑行过程中告诉他们要怎样做——“向前看”“继续踩踏板”“保持车把向前”等。只有在孩子们学到基本要领后，我们才会拆除训练轮，但是我们仍然会扶着自行车把。只有当我们感觉他们已经具有了这种平衡能力时，我们才会放手，但是，我们通常仍然会在自行车一侧奔跑，不断地鼓励和赞扬孩子。

谈论和思考气泡模板

谈论

思考

我知道自己的示范经常十分有效，在课堂上我也经常积极思考，与学生交流互动，但是有的时候练习部分在课上无法完成。我可以确定自己经常忽略给学生提供帮助，而是让他们自己练习，当学生的表现一般时，我会有些失望。我现在相信，我们需要在示范和独立实践之前给予学生鼓励的话语、为他们提供技巧和内容少一些的训练，只有这些才能真正决定学生在独立练习阶段是否可以做好。只有与学生一起努力体验课堂，才会深入了解阅读技巧。中等成绩通常是中等教学的结果。我看中“训练轮”课程的重要性。

3.独立练习

实践孕育成功。无论哪种技巧，学生们都需要多一些的机会进行实践。文本的难度需要符合或略低于他们的阅读水平，这才能使他们将精力集中于思考，而不是读懂文字的意思。指导模式的这个阶段是一个好机会，教师能够为更有能力的学生提供独立学习的自由时间，而其他小组可能需要更多的帮助。当整个班级进行同一技巧的实践练习时，不同小组的学生可以使用不同难度的文本进行阅读。

4.应用

我们为学生提出的目标是使学生能够独立运用知识读物的阅读技巧，以及将这些技巧在阅读其他文本时也能运用。教师们常向我提出意见，告诉我尽管他们的学生能够多么成功地独立运用阅读技巧，他们仍然意识不到自己正在使用阅读技巧，仍然无法独立应用这些技巧。在指导过程中，花费时间解释和示范应用很重要。

> 好消息是理解已经成为长期却未能很好实现的阅读重点。坏消息是孤立的阅读策略和练习往往统治着理解指导。学生们虽然花费大量的时间学习这些策略并进行相应的实践练习，他们却往往不知道如何应用它们，不理解如何才能将它们融入阅读的整幅画面中。
>
> ——雷奇·路特曼

5.课程：学会使用阅读策略

- 询问学生，木匠需要使用哪种工具才能够将钉子钉入墙壁中。要求学生来到教室前面，在工具箱中找到合适的工具。
- 询问学生他们如何知道使用哪种工具。
- 将工具箱与正在阅读的大脑进行对比。

> 针对本次课程，你将需要一个装满工具的工具箱。

你的大脑与这个工具箱有些相像。通过学习和实践，你拥有不同的“工具”，即阅读技巧。根据阅读文本的不同，你的大脑需要找到正确的工具，以帮助你更好地理解文本。有时，你可能需要使用你的联结工具；在其他时候，你可能需要你的提问/推测工具。与木匠的工具箱相同，使用哪种工具来帮助自己完成阅读工作由你自己来决定。

下面的图表显示出学生们能够使用的阅读工具。

注意你的思考过程

如果你发现自己在说……	那么你正在……
“这个特点告诉我……”	向文本特点推进
“我想弄明白……”	提问
“那么，可能……”	推测
“这使我想到……”	联结
“这听起来很重要。”	确定重点
“现在，我正在想……”	转变思想

第三章　推进

> 对于不积极的阅读者和缺乏经验的阅读者，知识读物是最容易理解的体裁之一，因为它的文本特点为读者的理解提供了可操作性。
>
> ——斯蒂芬妮·哈维&安妮·古德维斯

一个初中二年级的学生需要基于一个知识读物文本段落完成阅读理解。这个段落包括几种知识读物文本特点，例如：图表、说明文字和线形图。学生们需要回答的大多数问题都围绕着文本中的特点，而不是文本本身的文字。这样的话大部分学生都无法正确回答问题。

这些学生与我在初中二年级的做法相同——略过文本特点，只阅读文本主体。因为我所阅读的文本大多是文学作品，所以，我的眼睛不由自主地被我最熟悉的文本类型所吸引。我认为页面上的其他内容其实是起装饰作用，它们并不重要。文本本身的特点就是在提醒学生去注意观察。这时就需要教师向学生介绍这种知识读物文本的特点和目的，以便学生有效阅读。

知识读物在许多方面区别于文学作品，但是最显著的区别在于文本的结构和呈现信息的方式。文学作品的信息位于知识读物文本页面的许多位置，以各种各样的方式呈现：在曲线图或图表之上、包装盒上突出显示或作为照片下方的说明文字出现。这些特点能够帮助读者在文本中进行探索，总结重点、突出重要信息、提供各种各样的呈现形式，帮助阅读者获取信息。在这个科技时代，年轻的阅读者在网页探索方面富有经验，他们通过点击图标获取更多信息。然而，我们无法像与网页文本互动一样与印刷文本互动，阅读者需要用使用鼠标的方式去学习使用自己的眼睛，集中注意文本特点以获取信息。

在确定阅读策略、帮助学生更有效地阅读信息时，我们首先需要介绍一种对结构和体裁特点的整体认识，这样，在学习和实践练习后面的阅读策略中，学生们才能学习如何有效地使用策略。与相机具有“变焦”或凸显部分图像的功能相同，阅读者能够学习将知识读物文本的特点变焦，以突出重要信息。教授学生知识读物文本特点的定义、文本特点重要的原因以及识别和解释文本特点的方法是帮助学生理解信息文本的重要部分。知识读物文本的特点是能够：

> 你的学区和你的学校可能使用不同术语来描述我所说的文本特点，例如知识读物文本风格。只要使用的术语在你的学校范围内统一，对于这些课程来说，术语不会造成任何影响。

· 帮助阅读者更轻松地确定信息
· 组织信息以使信息更容易阅读
· 通常突出或重述重要信息
· 使信息更容易阅读或获取

一、什么是推进？

成年人可能会理所当然地认为学生们应该理解“推进”，但花费一定时间来确定学生们知道其含义也十分必要。

· 开始课程：

> 我今天将要与你们分享一本书。这是一本没有文字的图画书。我不会告诉你们与本书有关的过多内容，但是，我需要你们在我翻页的时候仔细观察图片，然后我们将共同分享大家对本书的看法。

针对本次课程，你将需要以下内容。

- 一本初级参考书目：例如，《仔细观察》，作者：玛丽·麦卡锡（*A Closer Look*, Mary McCarthy）;《一直一直向下看》，作者：史蒂夫·詹金斯（*Looking Down*, Steve Jenkins）（也适合作为中级参考书目）;《看穿森林》，作者：弗兰克·塞拉菲尼（*Looking Closely Through the Forest*, Frank Serafini）（或任何塞拉菲尼的《仔细看》[*Looking Closely*]系列丛书）
- 一本中级参考书目：例如，《变焦》《变焦2》，作者：伊斯特万·巴尼亚伊（*Zoom*, Re-Zoom, Istvan Banyai）
- 知识读物阅读力模型（参见第33页）

- 开始“阅读”这本书，缓慢地翻页，这样学生才有时间观察。要求学生转过身，与同伴讨论他们在本书中注意到的、正在发生的内容。
- 分享另外一本相似的书，然后要求学生分享他们在第二本书中注意到的与第一本书相同的内容。
- 在写字板或透明胶片上写出变焦过程，询问是否有人知道它的含义。参考相机以及特写镜头和远景镜头之间的区别，讨论推进的概念。
- 询问学生你们刚刚分享的书籍如何对推进做出了反映。
- 结束课程：

今天，我将要向你们介绍变焦这种阅读力，它也被称为近距离观察。

（将推进的拼图板块放到知识读物阅读力模型中。）

接下来我们将要向知识类文本推进。知识类文本的每页文本包含许多内容。积极的阅读者能够向文本的某些部分推进，找到他们需要的信息。推进的过程意味着仔细阅读文本的某些部分，而不是略读。推进帮助你将精力集中于你在努力寻找的信息或重要的信息。

二、学习推进策略的参考书目

Istvan Banyai, *Zoom*（I）
伊斯特万·巴尼亚伊：《变焦》

Lucy & Meg Clibbon, Imagine You're a... series（Includes: *Imagine You're a Wizard;*

Pirate; Knight; Princes; Fairy)(P)
露西·柯丽本、梅格·柯丽本,《想象你是一个……》系列(包括:《想象你是一个巫师》《海盗》《骑士》《王子》《仙女》)
DK Publishing, *EYE Know series* (P)
DK出版社,《眼睛看见》系列丛书
Franklin Watt Publishing, *Cycles of Life series* (Include: *Animal Builders; Pond Life Seasons; Growing Things; Hibernation*)(P)
富兰克林·瓦特出版社,《生命循环》系列丛书(包括:《动物建筑师》《池塘生活的四季》《成长的事物》《冬眠》)
Margaret Frith and others, *Smart About Art Series* (Includes: *Vincent Van Gogh; Frieda Kahlo; Edgar Degas*)(I)
玛格丽特·弗斯和其他人,《智慧艺术》系列丛书(包括:《文森特·梵高》《弗里达·卡罗》《埃德加·德加》)
Deborah Hodge, *Ants* (P)
德伯拉·霍兹,《蚂蚁》

三、学习推进策略

1.第一课:文学作品和知识读物的不同

准备具有相同主题的文学作品和知识读物各一本,并从外观上将它们进行比较,这是帮助学生向知识读物文本特点推进的有效方式。在课程结束时,学生需要对知识读物文本特点(风格)进行总结,这与了解这些特点同样重要。

· 开始课程:

> 今天我要向你们展示两本书。我需要你们仔细观察每本书的封面,然后告诉我哪本书是文学作品、哪本书是知识读物。

· 你可以开始创建你自己的书单,或仅仅进行口头表述。大多数学生都能够将它们区分开来,但是,学生也需要告诉你他们的区分方法,这一点也十分重要。可能的回答有:
名称可能不同
插图不同

封面上的作家和插画家的姓名不同

针对本次课程，你将需要：

· 具有相同主题的两本书，一本文学作品类，一本知识读物类：《关于蜘蛛》，翠鸟出版社（*All about Spiders*, Kingfisher）和《非常繁忙的蜘蛛》，作者：埃里克·凯瑞（*The Very Busy Spider*, Eric Carie）

尽量使用各种文本特点的知识类书籍做研究对象，我们应该尽量避免使用具有与文学类书籍相似布局的知识类书籍，例如：页面上方是一个图像，图像下面是一句话。

现在，让我们观察每本书的每一页。我需要你们向文本推进，并告诉我你注意到了哪些内容。哪些内容是相同的，哪些内容是不同的。

（第一页通常是扉页，图像可能不同。）

让我们来看下一页。哦，看……这本书（文学类）的名称再次出现，但是没有插图。在这里（知识类），我看见了完全不同的内容（目录）。有人知道它的名称吗？有人知道它的目的吗？

下一页是每本书的开篇。两本书的这一页上都标有页码。我注意到这本书（文学类）在这里有一张插图，而这里是故事的文字。

然而，在这本书（知识类）中，我注意到许多不同内容。我最先注意到的是页面的布局。它的布局与另外一本书不同——页面被分成了不同部分。我注意到页面上有许多不同种类的字体——这里印刷是大字号的粗体字，下面这里的字体更小，这里的词汇颜色更暗。我也注意到作者使用了照片，而没有使用插图。这张照片下面运用了一个单独句子对这张照片进行了描述。

我喜欢系列书（由莱特集团出版）：成套或两册的系列图书。一本是文学类，另一本是知识类，但是两本具有相同的主题。图书的形式都是大开本，这会使示范课程更加有效。

· 继续用这样的方式做示范，“注意”相同点和不同点。
· 向每组学生分发两本书（一本是文学类，一本是知识类）。要求学生一页一页地翻阅，与同伴相互“指示和交谈”，注意两本书有哪些相同点和不同点。
· 结束课程：将学生聚集在一起，让学生反思他们学到的内容。（我使用大开本书进行这一部分课程教学。）引导学生讨论文学类文本特点十分重要。

· 现在，让我们讨论你们手中的文学类读物和知识类读物。关于这两本书，你们注意到了哪些不同之处？

（给出时间让几个学生作答。）

我们注意到的区别之一是：知识类书籍的页面布局看起来与文学类书籍不同。文学类书籍可能包含文字和图片，但是知识类书籍的页面可以包含许多不同内容：图表、照片、地图、粗体字标题和符号。

（举起一本知识类读物，展示这些特点。）

> 为了营造富有创造力的剪裁—分类课程，南方杨树小学（South Poplar Elementary School）的三年级教师向学生分发剩余的学生图书俱乐部宣传单。学生们将名称和封面作为线索来区分文学读物和知识读物书籍。

我们在知识类书籍中看到的所有这些内容具有一个特定名称：我们将其称为“知识读物文本特点”。它们是知识类书籍的特点，大多数知识类书籍包括这些特点中的某些特点。正如你所看到的，文学类书籍并不包含这些特点。

（举起一本知识类读物，翻阅几页。）

现在，我给你们一些时间思考其中的原因。为什么知识类书籍具有这些特别的特点，而文学类书籍却没有？请与你们的同桌就此讨论。

· 给学生时间进行讨论，然后要求学生们分享讨论结果。在记录纸上概括并记录学生的回答（结果可能与第85页文本框中的内容相似）。

在接下来的两周内，我们将要花费一些时间去真正了解所有不同种类的知识读物文本特点。但是，我需要你们记住最重要的一点：这些特点将会给你们带来很大帮助。

2.第二课：创建维恩图

针对本次课程，你将需要：
· 画有维恩图的记录纸或记录板

学生们将需要：
· 维恩图（参见第94页）的复印件和剪裁—分类标签（参见第93页）进行独立作业

· 开始课程：

昨天，我们学习了文学类文本和知识类文本之间的相同点和不同点。我们也对文本特点进行了了解。今天，我们将使用这些信息，将这些信息整理到维恩图中。

画两个圆圈表示文学类和知识类。

· 示范写出一个或两个概念，例如，故事和事实，想象和信息。
· 要求学生集体思考相同点和不同点，将他们的回答记录在图表中。
· 得到几个回答之后，学生们可以成组来完成他们自己的维恩图（参见第94页）。因为年级水平不同，学生们可能需要将剪裁—分类标签（参见第93页）粘贴到他们的维恩图上。

3.第三课：寻找知识读物的特点

针对本次课程，你将需要：
· 挑选包含许多文本特点的知识类书籍

学生们将需要：
· 寻找知识读物的特点（参见第95—96页）的复印件进行独立作业

本次课程允许学生搜索各种各样知识类文本，以确定不同的文本特点。这不仅能够帮助学生更加熟悉与文本特点相关的词，也有助于学生观察展示信息的各种不同方式。

· 开始课程：

在一篇知识类文本中，你能够找到哪些知识类文本特点？谁能够告诉我它们的名称？

（在学生回答过程中，将他们的答案罗列在记录纸上，或创建一个包含梗概的全页图。）

今天，你们将寻找一些文本特点，我们来看你们究竟能够找出多少种文本特点。

（分发寻找知识读物的特点的复印件，参见第95—96页。）

- 每组学生选择一本知识读物，搜索书中的文本特点。确定孩子们使用的书籍包含许多文本特点。学生们翻阅书籍，确定书中的文本特点。

告诉低年级学生，他们寻找的是文本特点，而不是页面上的具体插图或地图，解释这一点十分重要。我的学生就曾经设法寻找“乌龟”，而没有设法寻找说明文字。

4.第四课：创建知识读物特点大全

学生创建知识类文本特点术语大全是强化语言和词汇的一种方式，这也能够帮助他们认识到，文本特点如何以一种不同的方式来展示信息。

- 开始课程：

在一本知识类读物中，我们能够找到哪些文本特点？谁能够告诉我它们的名称？

（在记录纸上记录回答，你可以在每个记录项一侧快速画出图像。）

针对本次课程，你将需要：

- 用来集思广益的记录纸
- 用折叠、装订后的22cm×35cm白纸预制的空白小册子

本次课程修改自《实用策略》（哈维 & 古德维斯）

知识类读物文本特点

网络图	图谱	标题
文字说明	事实框	题目
维恩图	工具栏	斜体字/粗体印刷
线形图	标签	示意图
流程图	比较	照片
目录	索引	词汇表

· 确定是否每个学生都能够创建一个个人术语大全，或全班是否能够协作、共同创建一个班级术语大全。

(1) 个人术语大全

学生们可以针对文本特点选择文本，文本特点之间不需要有任何联系。我通常将目录视为一种必要的文本特点。

· 将三张8.5cm×14cm的空白纸对折，在折缝处将其装订在一起，制成由六页纸张构成的小册子。
· 给每个学生分发一个空白小册子。
· 每个学生选择五或六个文本特点，将其纳入自己的术语大全。(参考以上可能选择。)每张术语页面必须包括以下内容：

在页面顶端写出文本特点
标识页码，以便找到具体列项
将文本特点列举出并涂色

(2) 班级术语大全

为了确保我们最后得到的不是包含十五页文字说明的术语大全，我需要确定每组学生研究一种不同的文本特点。

· 两个学生为一组。
· 为每个学生创建一张术语大全页，每页集中说明一个知识类文本特点。
· 收集所有页，创建一个知识类文本特点的班级术语大全。

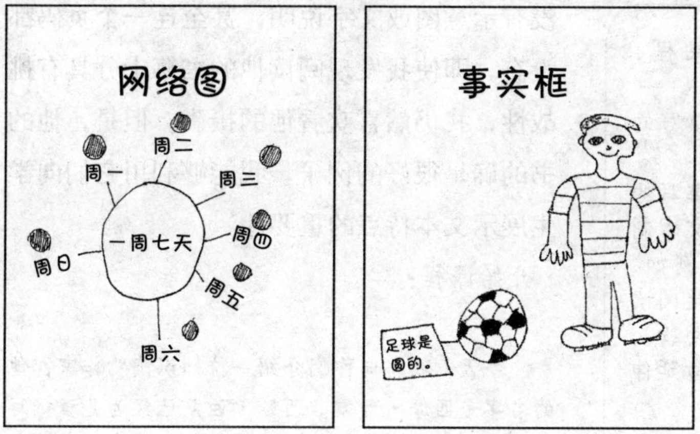

知识类文本特点术语大全：网络图和事实框样本。

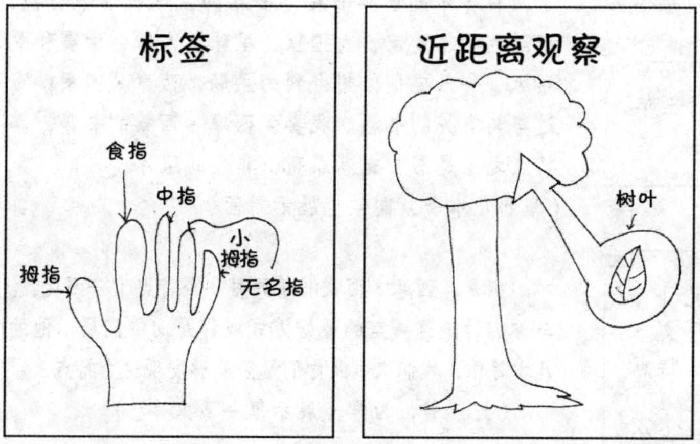

知识类文本特点术语大全：标签和近距离观察。

5.第五课：西摩·西蒙需要我们的帮助

在广泛调研儿童知识类书籍的过程中，我熟悉了许多知识读物文本作家。西摩·西蒙是我逐渐了解的作家之一。无论你走到哪个图书馆书架，你都会找到一本西摩·西蒙的书。作为一位备受好评的儿童科普作家，他撰写了许多书，书籍主题多种多样：陆地动物、海洋生物、星球、身体部位以及自然灾难。他创作的书籍成百上千，对于孩子来说，他的主题极具吸引力，他的摄影技术也十分出色。但是，出于一个原因，也只是这个原因，我才没有为我的课堂购买任何西摩·西蒙的书：西摩·西蒙的书籍不包含任何文本特点。他的书籍没有目录、没有题目、没有示意图或文字说明，甚至连一个页码都没有。即使我发现阅读他的书籍十分具有挑战性，我仍然喜欢看他的摄影。但是，他的书的确是很好的例子，我能够利用它们向学生展示文本特点的重要性。

· 开始课程：

今天，我将向你们介绍一位知识读物作家，他的名字是西摩·西蒙。西摩·西蒙已经为儿童撰写了两百多本知识类书籍，书籍的主题有陆地动物、海洋生物、鲨鱼、大猩猩、星球、人体、地震和龙卷风——只要是你想得到的主题，西摩·西蒙就写过与其有关的书籍。我喜爱西摩·西蒙的书籍，其特点之一是书中充满漂亮、非凡的照片。
（举起几本书，向学生展示封面）

但是，西摩·西蒙书籍的另一个特点十分困扰我。与你们讨论这一点的最好方式或许是向你们展示他的几本著作，我们来判断你们是否能够发现这个特点。

（打开书，为学生展示每一页文本。）

· 要求学生转身与同桌讨论他们注意到的内容，以及这些内容会对他们的阅读造成的影响。给出分享和讨论的时间。

针对本次课程，你将需要：

· 将西摩·西蒙撰写的书籍复印
· 将西摩·西蒙撰写的书籍中的一页文本制成透明胶片。例如，适合中年级学生阅读的《没人爱的动物》，低年级学生参考延伸读本

本次课程针对三年级及以上年级学生。

在许多情况下，当学生们发现每页文本都不包含任何文本特点时，他们会十分惊讶。完成知识类文本特点的前几次课程之后，学生们很快会注意到文本特点的缺失。

· 继续课程：

我在想，作为读者，阅读这样一本书对于我来说可能更加困难。例如，如果我想找出长颈鹿以哪些食物为生，我需要从头开始阅读每一页，直到找到与饮食有关的信息。那么，这能够告诉我什么？这些信息是否与知识读物文本特点重要性相关？这告诉我：文本特点的确能够帮助阅读者整理信息，使读者以一种能够使阅读更加容易的方式整理信息。今天，我们将

要帮助西摩·西蒙，为他的书创建一些知识读物文本特点。

· 向学生做示范。将一张页面制成透明胶片，大声为学生朗读这一部分。

本页虽然包含许多信息，却没有任何文本特点。你们是否能够想出一种文本特点，如果我们将其添加到本页中，它将能够帮助读者更加容易地寻找信息？与同桌讨论，提出你的观点。

· 让学生集思广益，思考不同的文本特点；在透明胶片上快速记下这些文本特点，例如说明文字、题目或事实框。
· 分发西摩·西蒙书籍中几张页面的复印件。
· 每组学生为每页设计一或两个文本特点，以“帮助西摩·西蒙”。
· 应用：许多人像我一样，他们年复一年地分发包含五个段落的动物调研报告，对于这些人来说，研究知识类文本特点绝对可以为一个往往无比枯燥乏味的研究增添多样性和令人兴奋的扩展。我不仅要求我的学生写出五个段落，我还要求他们在自己的报告中写出至少三个不同的知识类文本特点。通过文本特点代表新的学习能够鼓励学生整合信息，并以不同的方式呈现信息。

西摩·西蒙运用动物宝宝制成的文本特点比较模板。

6. 第六课：露西和梅格的特点

针对本次课程，你将需要：

- 露西和梅格·柯丽本（Lucy & Meg Clibbon）撰写的书籍复印本，例如，《想象你是一个海盗》《想象你是一个巫师》《想象你是一个美人鱼》。（*Imagine You're a Picture, Imagine You're a Wizard, Imagine You're a Mermaid*）

学生们将需要：

- 文本特点表格（参见第97页）

不列颠哥伦比亚省的希瑟·罗斯是一位识字辅导教师，她使用露西和梅格的书为初级学生示范文本特点。学生们从这些色彩鲜艳的、诙谐幽默的书中学习主题、标签和文字说明。

- 开始课程：从露西和梅格的书籍中挑选几页大声朗读，重点朗读展示明显文本特点的几页（前五页）。
- 向学生们解释他们将要模拟这本书创建自己的页面，页面包括标签、主题和文字说明等文本特点。
- 学生们画出他们选择的人物（或从书中选择，或选择一个不同人物），并添加标签、粗体字的题目和文字说明。

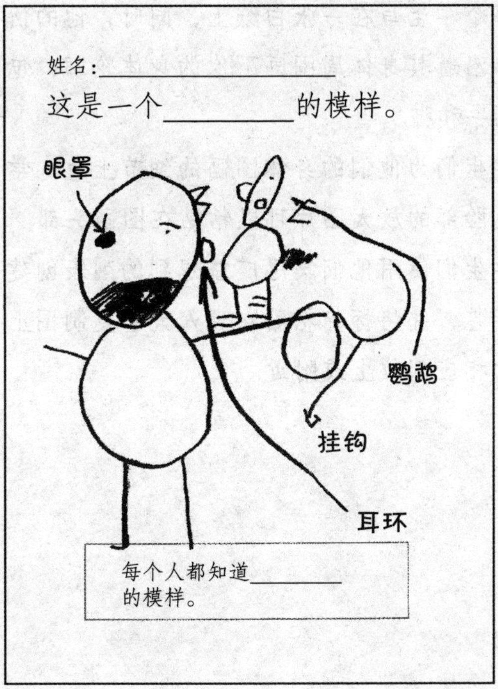

本次课程适用于小学低年级学生。

文本特点：梅格·柯丽本根据《想象你是一个海盗》创建的幼儿园标签样本。

7.第七课：收集你自己的信息

· 开始课程：让学生集思广益，思考他们的暑假，将他们的感官和相关身体部位作为重点：

我看见了什么

我听见了什么

我品尝到了什么

我闻到了什么

我去过哪里

我用我的手触摸到了什么

我用我的心感觉到了什么

针对本次课程，你将需要：

- 萨拉·法内利的《我的地图册》(*My Map Book*, Sara Fanelli)
- 大张记录纸（纸张需要足够长，以勾画出学生们的整个身体）

用同一本书，启发学生进行许多其他富有创造力的活动和写作扩展，包括为情人节创作的“我心中的地图”。

> 吉莉安·帕特里奇老师（Gillian Partridge）与我分享了这个富有创造力的课程。本书启发她进行许多其他富有创造力的活动和写作扩展，包括为情人节创作的“我心中的地图”。

我思考了什么

- 每个学生写在一张白纸上，同时，他的伙伴沿着其身体周围画下他的身体轮廓，包括手和脚。
- 学生们为他们的身体图画的细节上色。学生脸部的放大图片可以粘贴在图画头部。
- 学生们使用他们集思广益想到的列表创建标签，并将标签粘贴在真人大小复制图上的相应部位上或附近。

剪裁—分类标签

不真实	对话；例如，“嗨！”他说。	事实和信息
主题页	页码	维恩图
主题和题目	人物	你可以从任何地方开始阅读
背景	照片	故事
图表和曲线图	插图	目录
事实框	**粗体印刷**，*斜体字*	题目
开头—中间—结尾	你必须从头开始	比较
文本结构	问题—解决	地图
索引	不是故事	术语汇编
“从前……”	文字说明	想象
真实的人和地点	标签	童话

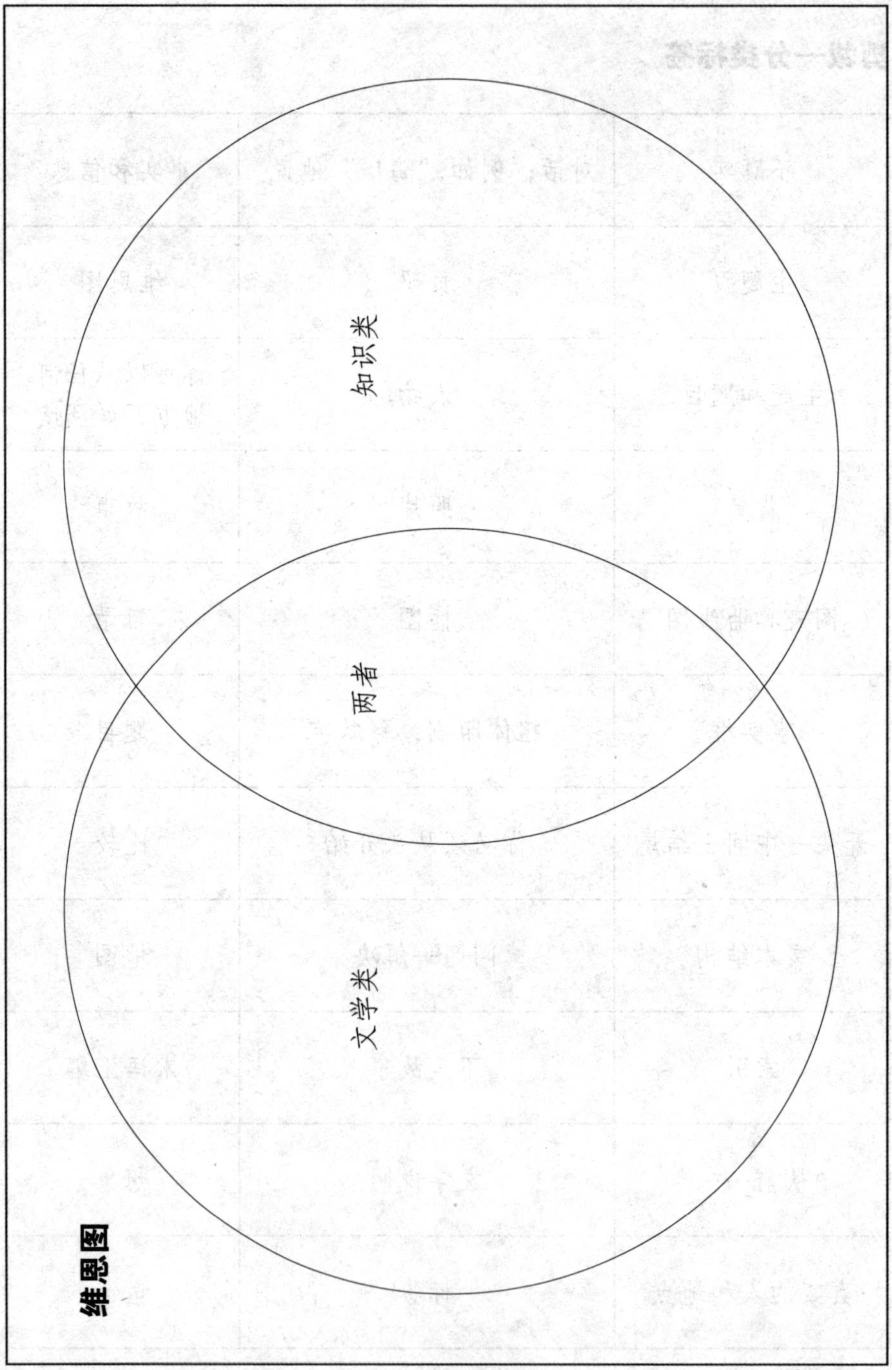
维恩图
知识类
两者
文学类

寻找知识读物的特点

姓名：________________

主题：________________ 作者：__________

翻阅书籍，尽可能多地找出文本特点。圈出“是”或“否”，以判断你是否找到此种特点，记录你找到文本特点的页码。

文字说明

是 否 页码___

海龟长着一张硬壳。

图表

是 否 页码___

年级	教师	教室
4	琼斯夫人	24
5	阮先生	40
6	辛格小姐	12

比较

是 否 页码___

一颗霸王龙的牙齿大小与一根玉米穗的大小相当。

事实框

是 否 页码___

落叶树在冬季落叶。
常青树常年长有树叶。

流程图

是 否 页码___

术语汇编

是 否 页码___

动脉：将血液从心脏运出的血管。
毛细血管：连接动脉和静脉的微小血管。
静脉：将血液运往心脏的血管。

曲线图

是 否 页码___

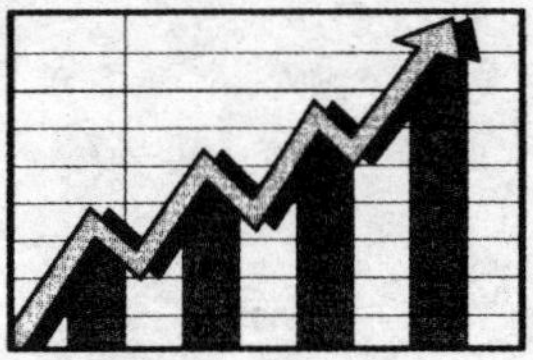

索引

是 否 页码___

兽穴 8,22
长颈鹿 15,18,20
鬣狗 9,21
热带丛林 4,12,24—26
狮子 23,30

标记图

是 否 页码___

题目

是　否　页码____

粗体印刷

斜体字

• 项目符号

目录

是　否　页码____

动物栖息地

目录

森林	3
海洋	12
高山	19
沙漠	25
北极圈	31

网络图

是　否　页码____

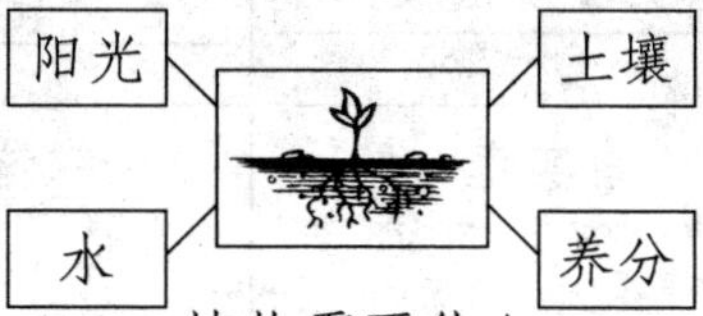

植物需要什么才能生长？

文本特点

姓名：________________________

这是

____

的模样。

每个人都知道

____

的模样。

第四章　提问和推测

> 提问是探究的催化剂。
>
> ——布罗 & 加西亚

在我的学生时代，老师在课堂上提出过大量问题。虽然我很敏锐，但是，作为一名听话的学生，我知道自己的角色只是回答老师提出的问题而已。以我的经验，一个问题可能有一个正确答案，可能有一个错误答案。我的目标是，确保自己给出的答案总是正确的。我相信，所有正确答案都能够在文本中找到。如果我无法在那里找到正确答案，我就无法回答问题。

我的课堂阅读是完成标准阅读评估（SRA，Standardized Reading Assessment）卡片箱——这是一个装满光亮颜色编码卡片的奇妙盒子，盒子紧密，组织整齐。每张卡片的顶端有一幅黑白图画，下面是故事，卡片背后列出了十个问题。故事难度以不同颜色进行区分。逐渐完成每种颜色对应的所有故事之后，我们再继续完成下一组故事。如果我没有记错，盒子最顶端的颜色代表难度最低的阅读水平，这些故事是黄色调的，色调的名称听起来也不太好：黄棕色、铁锈色、灰色、深黄色。越接近盒子底部的颜色越有吸引力：洋红色、海蓝色、金麒麟色。这种使用标准阅读评估卡片箱进行阅读的方法，会给学生一个印象，就是学生只要负责在文本中找到问题的答案，回答正确就可以了，并不需要过多的思考。但是当一些需要思考的问题出现时，学生就会被难住，无法顺利进行下一个色块的阅读，因为老师没有教过如何思考。

反思我自己的课堂经验，我意识到：如果老师不鼓励我提出问题，如果我习惯回答完全忠于原文的问题，我就会失去主动思考的想法。启发性问题和对自己思考的深入探究能够增强我们自己的自信心，而且就是自己思考的过程。问题不仅能够帮助我们更好地理解文本，还能帮助我们更好地理解世界。问题驱使我们向前，将我们从消极的立场推向积极的立场。问题将读者引入文本，使读者与文本互动，找出含义。在阅读之前，我们提出问题，以设定目标；在阅读过程中，我们提出问题，以阐释内容、确定作者的意图；在阅读之后，我们提出问题，以加深自己的理解。我们阅读信息类书籍时，提出问题来引导自己的阅读，因此，教师应该在教学过程初期教授提问这一重要策略。

很多人都赞同教师应该提出问题来主导课堂，因为孩子们习惯于回答问题而不习惯于提问，所以，他们通常在提出问题方面就有很大问题。一位教师曾告诉我她在一年级课堂进行的一次有关提问的课程。

学生们不断说出与蜘蛛有关的事实，却没有提出问题。这位教师停下来向学生解释她需要学生提出问题，并提醒他们：问题通常以“谁”“什么”“在哪儿”“什么时候”或“为什么”开头。她询问是否有人能够提出与蜘蛛有关的、以W开头的问题。一个小男孩举起手后说道：“WELLLL，I saw a spider once in my bathtub!”（那么，我曾经在我的浴缸里看见一只蜘蛛。）

在《创建好奇的课堂》（*Creating the Curious Classroom*）一书中，罗德·彼得森和莱斯·阿瑟莱斯蒂娜（Rod Peterson and Les Asselstine）讨论了重视以学生提问为中心的课堂如何有助于学习者社团的发展，在这样的社团中，学习者明白思考是理解世界的方式。与本书中的其他阅读力相同，提问不是阅读的方式，而是思考和生活的方式。与问题产

> 孩子们天生好奇。他们观察周围的世界，询问世界为什么是这样，世界如何变成这样。不幸的是，随着幼童和低年级学生进入中年级阶段，他们的第二天性往往会逐渐消失。尽管我们的许多学生在回答教师提出的问题方面变得相对熟练，但是他们忘记了最重要的问题——他们自己提出的问题。
>
> ——米歇尔·凯利&尼基·克劳森-格蕾丝

生共鸣的课堂才能培养思考。我希望我的学生质问我、质问文本、相互质问、质问世界。只有出现问题才能衍生出最有意义的学习过程。让学生提问的课堂能够提高学生的参与程度。以学生提问开始的科学、数学和社会研究的课程为学生的思考和学习奠定了基础。

蕾切尔·卡尔森（1998）相信孩子们天生充满好奇心。在成长和学习过程中，孩子们会提出与他们的周围世界相关的问题，他们提出多少问题，他们能够连续多长时间不断提出问题，这些都取决于提问被重视的程度。向学生教授这个策略时，我的目标是用他们的问题充实课堂，使他们的问题成为学习所有学科的催化剂，而不仅仅局限于阅读。

一、从提问到推测

> 我通常引导学生首先找到自己的“深入思考状态”。人们在深入思考时，我总是能够分辨出来，因为他们看起来的确是在思考。

通常，我们应该单独介绍和教授推测这一策略，我在上一本书《阅读力：文学作品的阅读策略》中也是这样做的。斯蒂芬妮·哈维和安妮·古德维斯认为：想象能力和推测能力之间存在很强的关联性，他们将两者合并，在合著中作为一个章节进行讲解。通过学习这些策略以及对这些策略的反思，我发现：提问能力和推测能力之间存在着明显的联系。有些问题需要阅读者超越字面意思去思考，习惯提问后才会逐渐学会推测。当阅读者无法在文本的范围内找到答案时，他们必须推测：必须向文本中加入他们自己的思考，用自己的观点填补那些缺失的信息，这样提问可以直接进行到推测。

在本章中，主要讲解如何在阅读中从提问过渡到推测，开始需要用图片来引导学生，学生开始理解提问和推测的意义后就可以开始分析文本了。

针对文本提问

浅层问题	深层问题
· 能够快速回答 · 能够在书中找到答案 · 通常只有一个正确答案 · 帮助阐释内容 · 一旦知道答案，你的思考就会停止 · 花费更多时间回答	· 答案不在文本当中，来自其他来源（另外一本书或你的思考） · 通常不只有一个正确答案 · 帮助加深理解 · 因为你不知道答案，所以你的思考继续进行

二、介绍提问策略

介绍这个策略时，我会花费一些时间，通过介绍浅层问题和深层问题的方式使学生处于不断提问的状态中。

· 开始课程：

针对本次课程，你将需要：
· 知识读物阅读力模型（参见第33页）

积极的阅读者在阅读前、阅读过程中或阅读后都会提出问题。提问将学生更加深入地带入文本之中，从而鼓励学生思考。你在阅读时可能会提出两种问题。一种问题是“快速”问题，也就是“浅层问题”。浅层问题是你最初提出的问题，你在继续阅读的过程中能够在书中找到问题的答案。你可能一开始思考男孩是否找到了他丢失的曲棍球棒，然后，你在故事的结尾发现他找到了球棒。对于浅层问题，你在找到答案之后不再需要继续保持对这个问题的思考——你的思考到此结束。

阅读者可能提出另外一种问题，这类问题叫作“深层问题”。这也是你在阅读中可能提出的问题，但是当你完成阅读之后，你仍然不知道问题的答案。如果你没能找到答案，那么你需要通过思考来回答这个问题。对于深层问题，你的思考将继续进行。

如果我们无法在信息类书籍中找到问题的答案，我们可以通过查阅其他资料来继续自己的探索，比如看另外一本书或一个网站。

- 创建与上面类似的图表，为推测留出空间。
- 练习向孩子们提出浅层问题和深层问题，这样他们能够开始意识到两者的区别。

我将要向你们提出几个浅层问题。只要你们知道答案，就可以大声说出。你叫什么名字？你几岁了？你在哪个学校上学？校长叫什么名字？你有几个兄弟？今天是星期几？

（浅层问题之后，与学生一起思考。）

你们注意到这些问题有哪些特点了吗？（它们很简单。）你们能够快速回答这些问题吗？（能。）为什么？（因为我们不需要思考这些问题。）你的思考发生了哪些变化？（思考在我们回答问题之后马上停止。）

现在我将要向你们提出一种不同类型的问题——深层问题。我需要你们注意：当我提出这个问题时，你的思考发生了怎样的变化。

以下是我为你们提出的问题：一天，我坐在轿车里等待绿灯，我无意间向身旁一瞥，发现旁边轿车里的一个人正在打哈欠。当时是上午10点，我并不觉得累，但是看到这个人打哈欠，我也想打哈欠。所以我在想，这是为什么？当我看到别人打喷嚏时，这并不会使我打喷嚏；当我看见别人打哈欠时，这却会使我打哈欠。我需要你们思考一下这个问题——深入思考。

（留出思考时间。）

现在，与你的伙伴分享你的思考。

- 强调问题的答案并不重要。重要的是，学生们经历深层问题的过程，这些问题能够鼓励我们探索自己的思考。
- 扩展课程：许多书都能够加深对深层问题这一概念的理解，在第一节课中我都会加以介绍（参考文本框内容）。许多书包括写作扩展，这些扩展能够鼓励学生探索他们进入深层思考从而发展自己的写作技能。

三、深层问题参考书目

虽然我意识到这些书中的一部分是文学类的，但是，对于首次课程，我的目标是教授和鼓励阅读者提问：不仅可以理解文本的方式，也要使它们成为阅读者理解自己和周围世界的方式。

Connie Amarel, *I Wonder Why: A Poem for Children*（P）
康妮·阿玛尔，《我想知道为什么：致孩子的一首诗》

Jim Bruce, *What? Where? Why? Questions and Answers About Nature*（I）
吉姆·布鲁斯，《什么？哪里？为什么？关于自然的问答》

Philip Cam（editor）, *Thinking Stories 1, 2, & 3*（*The Children's Philosophy Series*）（P, I）
菲利普·卡姆（编辑），《思考故事》（1，2，3）（《儿童哲学系列丛书》）

Antje Damm, *Ask Me*（P）
安特耶·达姆，《问我》

Harriet Fishel, *I Wonder*（P）
哈里特·费舍尔，《我想知道》

Marie Louise Gay, *Stella books*（P）
玛瑞·路意丝·盖，《斯戴拉的故事》

Ian James, *Biggest Ever Books of Questions and Answers*（I）
伊恩·詹姆斯，《有史以来的最大问答书》

Steve Jenkins, *Looking Down*（P, I）
史蒂夫·詹金斯，《一直一直向下看》

Tana Hoban, *I Wonder*（P）
塔娜·霍本，《我想知道》

Sarah Perry, *If*（P,I）
莎拉·佩里，《假如》

Christopher Phillips, *The Philosopher's Club*（I）
克里斯托弗·菲利普斯，《哲学家的俱乐部》

Lila Prap, *Why?*（P）
莉拉·普乐普，《为什么？》

Brigite Raab, *Where Does Pepper Come From?*（P）
布艾·拉布，《辣椒从何而来？》

Catherine Ripley, *Why? Everyday Questions About Science, Nature and the World Around You*（P, I）
凯瑟琳·里普利，《为什么？关于科学、自然和你周边世界的日常问题》
Lois Rock, *I Wonder Why*（P）
路易斯·罗克，《我想知道为什么》
Gregory Stock, *The Kids Book of Questions*（revised edition）（I）
格雷戈里·斯托克，《儿童问题书》（修订版）
David A. White, *Philosophy for Kids: 40 Fun Questions That Help You Wonder About Everything!*（I）
大卫·A.怀特，《给孩子的哲学书：40个帮助你探寻一切的趣味问题！》
Kathy Wollard, *How Come? Planet Earth*（I）
凯西·沃拉德，《怎么来？行星地球》

四、学习提问策略

1.第一课：启发提问的物品

> 针对本次课程，你将需要：
> · 一件特殊物品，物品的背后需要有一段故事

在《理解联结》（*Comprehension Connections*）一书中，苔尼·麦格雷戈（Tanny McGregor）描述了她如何使用提问岩石向她的学生们介绍提问策略。本次课程旨在鼓励提问。

· 开始课程：

我今天从家里带来了这个特殊物品。现在，我不会告诉学生与这个物品有关的过多信息，我只告诉他们它对于我很特别。我将把它传递给学生，让他们拿着它，仔细地检查它。

· 将物品传递给学生，让学生们检查物品。
· 引导学生提出与物品有关的问题。

你对这个物品有哪些想法？

- 在记录纸上记录学生的问题。
- 将物品一直陈列在教室内，引导学生写出他们提出的任何新问题。
- 在每天早上，向学生透露一些与这个物品有关的信息。随着学生了解物品的信息越来越多，教师引导学生提出更多问题。
- 扩展课程：每位学生每周带来一件“特殊物品”与大家分享，将物品陈列起来，并讲述物品背后的故事。学生最好不要带玩具、收藏卡片和运动奖杯等物品，鼓励学生带背后有着独特故事的独特物品。

2.第二课：摸索和练习

> 针对本次课程，你将需要：
> - 《我想知道》(*I Wonder*)，作者：塔娜·霍本（Tana Hoban）
>
> 每个学生将需要：
> - 一个简易的放大镜
> - 一本科普笔记本和一根铅笔

科普笔记本在科普教育领域很流行。这种方法强调发展学生在交流理解科学知识方面的能力。这些科普笔记本具有开放的结尾，以方便学生记录自己提出的问题以及观察结果、画出科普图画等。本次课程鼓励科学探究，当你开始新的科学单元教学时，本次课程的作用将尤其显著。

- 开始课程：大声朗读塔娜·霍本的《我想知道》。

> 我今天之所以选择这本书进行阅读，是因为这本书的全部内容都与问题有关。我们一直在谈论问题和提问如何能够帮助我们加深理解。今天，我们将要进行一次科学探索，也要记录下让我们感到疑惑的事物。

- 向学生们解释他们的科普笔记本叫作探索记录本。
- 向学生分发记录本和放大镜。

科普笔记本——布莱恩·坎贝尔（Brian Campbell）和洛丽·富尔顿（Lori Fulton）撰写的《记录探索》（*Writing About Inquiry*）是一本不错的资料，适合任何对探索这种探究式科学研究方法感兴趣的人使用。

- 将学生带到最近的公园或校园里长满树木的区域。
- 展示如何使用放大镜去找到将要进行研究的范围。
- 向学生解释他们将要透过放大镜探索一小块区域，他们也要思考在那里会看到什么。
- 示范问题：

我想知道，树上的这些裂纹是如何形成的？我想知道，为什么这种青苔长在这一侧而不长在那一侧？我想知道，这只小蚂蚁要去哪里，它在做什么？

- 打开你的科普笔记本示范如何画出特写示意图，如何使用标签记录问题。
- 引导学生找到一小块自然空间，用放大镜研究这块空间，在他们的科普笔记本上记录他们的发现。

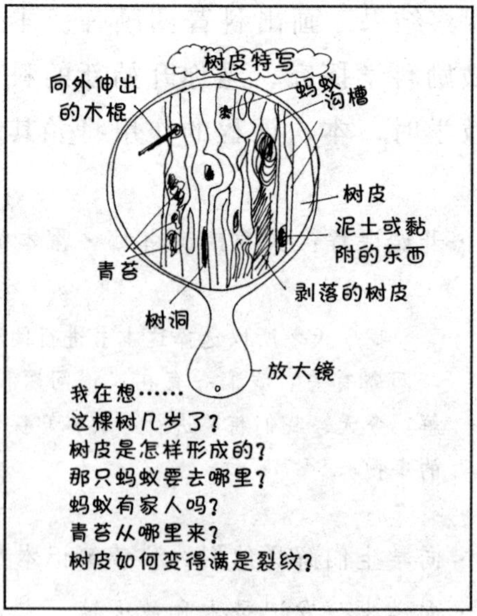

教师根据树干横截面特写示意图做出的示范图，问题已经标明。

3.第三课：搭建网络图

探索网络图是一种有效的方法，它能够帮助学生就某一具体主题提出问题。在进行一项新的科学或社会研究单元的最开始阶段，我们可以画一些网络图。如果研究单元以学生提问开始，学生不仅会主动参与成为主人，也会在参与提问时变得更加积极。

针对本次课程，你将需要：
- 做示范用的记录纸或记录板

针对本次课程，学生们将需要：
- 我的探索网络图模板（参见第111页）

- 开始课程：向学生介绍新的研究单元。
- 让学生与同伴共同思考他们已经了解的与这个主题有关的信息。
- 让学生思考他们想知道的与主题有关的信息，以及他们感兴趣的、想要探索的信息。
- 记录纸上用学生提出的问题，这些问题是学生们能共同思考的问题。
- 分发“我的探索网络图”，让学生们独立完成，用他们自己提出的与主题有关的问题填写网络图。

如果你将要研究的单元内容十分宽泛，例如天气，你要鼓励学生将他们探索网络图的重点集中于一个更加具体的主题，例如风或雨。

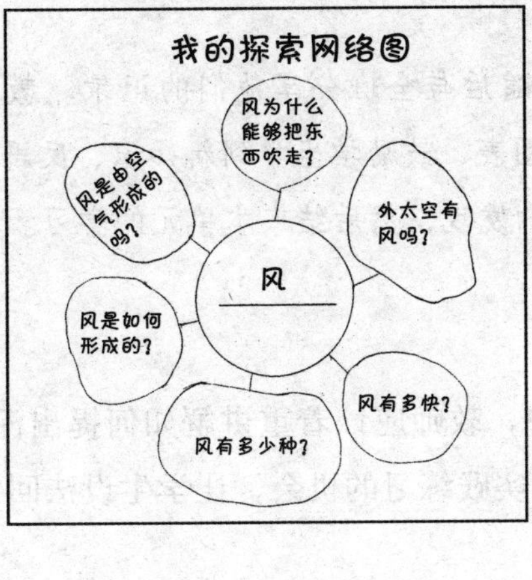

探索网络图：“我所探索的风”的二年级样本。

· 在研究单元即将结束时，学生们需要再看到自己的探索网络图，思考他们的问题，这一点十分重要。

4.第四课：问题和发现

> 针对本次课程，学生们将需要：
> · 问题和发现表格（参见第112页）

提问的目的之一，是扩展我们的学习并获得新的信息。教师珍妮丝·诺娃科夫斯基和劳拉·比拉达利用本课程开启一个新单元。

· 开始课程：花费一些时间讨论学生知道哪些与本单元主题相关的背景知识，做出记录。

以下是我们对________已经了解或认为我们了解的内容。

· 引导学生提出有关主题的问题：

以下是我们不了解却想知道的内容。

· 在图表上记录这些问题，以便参考。
· 以班级为整体，讨论学生们可能通过哪些方式找到他们的答案：书籍、网络、询问专家或是观察。
· 要求每个学生选择两个相关问题进行研究。学生们以第112页的表格记录他们的问题和发现。从问题出发能够使学生了解阅读的目的。
· 扩展课程：学生们随后与全班分享他们的记录。教师带领学生复习原来的问题图表、鼓励学生学到新知识、反思问题如何能够让学生获得新的发现，然后结束本单元的学习。

5.第五课：快速提问练习

虽然在之前的许多课程中，教师应该着重讲解如何提出深层问题，但是，教师也应该为学生提供实践练习的机会，让学生设法回答所有问题，这一点也十分重要。这个方法有助于学生认识浅层问题和深层问题之间的区别，也为学生提供实践练习的机会，使他们能够提出并回答这两种问题。

> 针对本次课程，你将需要：
> - 任意知识类文本

- 开始课程：复习不同种类的问题，例如，浅层问题对比深层问题。
- 邀请一名表现积极的学生来到前面，和你一起为这个方法做示范。

今天我们将要阅读一部分文本。此外，我们也将进行实践练习，向彼此提问有关文本的问题。一些问题将会是浅层问题——我们将直接在文本中找到正确答案。一些问题将会是深层问题——我们将思考后回答这些问题。

- 告诉学生将要大声朗读一段文本。然后，你将针对文本提出三个问题：两个浅层问题和一个深层问题。
- 要求这名学生大声朗读你已经做出标记的一段文本。
- 提出两个浅层问题，学生在文本中寻找答案。
- 提出一个深层问题。在示范过程中，我喜欢穿插一个与文本毫不相关的深层问题，例如，如果段落与土著居民图腾柱雕刻有关，并展示一张雕刻师的照片，我可能指向他的T恤衫问道："我想知道这件T恤衫多少钱？"这通常会引起许多笑声。然而，这是一个停下来反思提问目的的重要时刻。"这个问题为什么可笑？"（因为它与文本中的信息毫不相关。）"我们为什么提问？"（因为它帮助我们更好地理解文本。）提醒学生：当他们就文本提出问题时，他们不仅要确定自己的问题与主题相关，也要确定问题能够帮助他们更好地理解信息。
- 引导学生用"我想……"或"也许……"来回答，然后说：

"这是我的观点，你是怎么想的呢？"

· 给出一个不同的答案。

· 重复步骤，但是要交换角色。

· 独立实践扩展：学生们找到伙伴，再选择一本知识类读物。

· 同学间进行课程的所有步骤，一个人提问，另一个人回答。

· 交换角色。

我的探索网络图

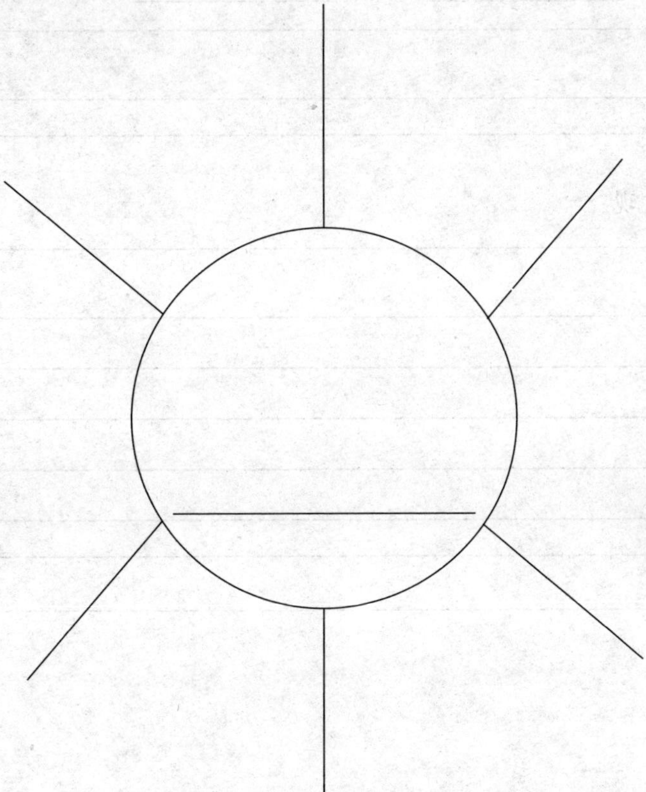

选择一个你的问题，尝试用“我想……”或“也许……”等陈述来回答。

问题和发现

____________的有关____________的问题：

____？

我的发现：

五、介绍推测能力

> 针对本次课程，你将需要
> - 知识读物阅读力模型（参见第33页）

在学生时代，我发现“推测”这个词语尤其令人生畏。它是一个我从未清楚理解过的概念，除了“体会言外之意”这个定义以外，老师从未以任何其他我能够理解的方式对其做出解释。我应该知道如何推测，但是从来没有人真正教过我。对我来说，推测总是“超出我的经验范围”——它太复杂、太有挑战性，以至于我无法真正理解。现在，我意识到，推测其实并没有那么复杂。事实上，人类每天都会自然而然地根据各种情境进行推测：无论是当我们看见我们的狗坐在后门旁，或是当我们看见别人的面部表情，或是当我们听到别人说话的某种语气，我们都会进行推测。唯一的问题是：我们中的大多数人并没有意识到我们正在进行的过程正是推测。教师需要帮助学生发现他们具有推测的能力，这是在今后的教学中成功地将推测能力应用到文本当中的关键。

- 开始课程：

在过去的几周内，我们一直在学习积极的阅读者在阅读过程中如何提出问题，以帮助他们更加深刻地思考文本。今天，我们将学习一个新的思考策略，这个方法叫作推测。

（指向知识读物阅读力模型头部的提问/推测拼图板块。）

现在，许多人认为推测是一种难以学习的策略，但是我将要向你们透露一个小秘密：你们其实已经知道如何推测。你可能只是没有意识到这一点！当你理解了推测的定义和方法后，在阅读过程中进行推测会变得更加容易。我们将要从一些简单的游戏开始。

游戏1：从形象进行推测

- 告诉学生你将要给他们一些线索，你需要他们设法“推测”

你的感觉。

- 做出一种描述某种感觉的样子。例如，惊讶、悲伤、尴尬。利用你的面部和肢体给出线索，但是什么也不要说。保持某种姿态五秒钟。
- 要求学生转过身去告诉他们的同桌他们做出了哪些推测，确定对他们有帮助的线索。鼓励他们使用“推测”这个词语：

你可以这样说：“我推测她很惊讶。线索是：她的手举起，她的眼睛睁得很大，她的嘴巴张开，还有一点微笑。”

我会示范完全“超出我的经验范围”的“可能”原因（例如，“也许一个外星人刚刚要求你嫁给他”。），以介绍“想象区域”的概念。想象区域是某些学生频繁触碰的一个区域。向学生们指出这一点，并在最开始给出一个“想象区域”的推测，这样有助于从学生的系统中删除不太可能的想法，以便帮助学生集中考虑更加恰当的推测来源——背景知识和经历。

- 要求学生思考你的样子中缺少什么。

你在想什么？（发生了什么事使你如此惊讶？）

- 要求学生与他们的同桌讨论：哪种因素会使他们推测出这种感觉。
- 要求学生分享他们想到的“可能”原因。（可能你好久都没有见过的一个人进入了房间里，可能你刚刚得到了一只小狗，可能某个人为你举办了一个惊喜晚会，可能你刚刚赢得一百万美元。）
- 思考“可能”原因：

有关我们提出的这些“可能”原因，你们注意到了什么？（它们都不相同。）它们为什么都不相同？“可能”原因来自哪里？（来自个人经历或我们可能看见过或想要得到的事物。）

- 继续课程：示范一种或两种更多情感，或引导学生“摆出一个样子”。和学生们一起想出可供他们进行选择的想法。在学生开始之前，老师需要让学生想象他们将要在全班面前展示的线索，这一点十分重要。

游戏2：从词语线索学习推测

- 提前准备情感教学卡片。在每张卡片上写下表示情感的词语：失望、担心，等等。
- 要求一名表现积极的学生离开教室。
- 向全班展示这个词语，然后要求学生不要说出这个词语。
- 要求学生思考：他们在哪个时刻会产生那种感觉？
- 邀请刚才出去的那名学生回到教室。告诉这名学生听三种线索的描述，然后设法推测这个词语。
- 教师首先做示范：

> 我曾有过那样的感觉，那时……

- 邀请另外两名学生给出线索。
- 结束课程：

> 其实，我们在这些游戏中进行的是推测实践练习。推测时，你首先要寻找线索，然后使用线索和自己的经历去想出文本中没有给出的信息。在这种情况下，你通过观察线索来推测自己的感觉，然后利用你的背景知识和经验去推测你所不知道的信息——我为什么会产生那样的感觉。
>
> 你在阅读时也在推测。一个秘诀能够帮助推测，我在很久以前就希望自己能够学到这个秘诀。你准备好听听这个秘诀了吗？不是所有作者都会将所有信息告诉我们。这并不是因为他们没有写出来，或者他们不愿意写出来，而是他们有时会省略一些信息，因为他们希望读者自己去构建这些信息。推测就是构建出作者没有告诉你的信息。

- 准备一个表格以总结学到的与推测有关的知识。

推测：成为书籍侦探

第一步

· 寻找线索

第二步

· 问自己："我从线索中得到了什么信息？"

· 问自己："我不知道什么信息？缺少了什么信息？"

第三步

· 使用线索以及你的背景知识和经验去"填补"或想出缺失的信息。

· 用"我想……"或"可能"开始你的推测。

六、学习推测策略

1.第一课：观察、思考和推测

从教授提问到推测的过渡是一个自然的进程，因为它们彼此紧密联系。O-W-I策略有助于将推测过程分解，这样，推测过程才能变得更加清晰。学生逐渐不再需要展现自己思考的过程，最后，他们只需要分享自己的推测。

· 开始课程：

> 昨天，我们通过做游戏来帮助自己学习推测。在推测过程中，你利用线索和你自己的经历来填补你不知道的信息或作者没有写出的信息。今天，我们将要学习一种策略，它叫作O-W-I。O-W-I代表观察、思考和推测，它能够帮助你理解你的大脑在推测过程中采取的步骤。

· 向学生们展示图像，给学生几分钟时间仔细观察图片中的所有线索。

· 开始示范并在观察栏中记录你的观察，使用"我看见……"

等提示。

- 示范一个或两个观察过程后，向学生提问：“你们看见了什么？”在“观察”的第一栏里记录他们的回答。年幼的学生可能在区分观察和推测方面遇到困难。他们更倾向于自然地回答“我认为……”等。学生需要清楚地了解，这一部分仅限于他们真正观察到的信息，而不是他们认为正在发生或将要发生的事。
- 现在对学生提问，他们对这幅图片持有哪些观点，“哪些是你不知道却又想知道的信息？”并且要求他们与同伴分享他们的问题。鼓励学生提出能够加深他们理解的问题。
- 学生们分享他们思考的所有内容，你在图表“想知道”一栏记录部分回答。
- 如果学生提出不相关的问题——“我想知道那个人是否喜欢奶酪比萨？”——你则需要在回答时提醒学生：问题能够帮助他们的理解。

针对本次课程，你将需要：

- 从杂志或报纸上剪下一些有趣的图片或照片：例如，《一直一直向下看》（*Looking Down*）中的图像，作者：史蒂夫·詹金斯（Steve Jenkins）；《让我们谈论它》（*Let's Talk About It*）照片卡（蒙多出版社）（Mondo Publishing）；报纸上的一张照片或《国家地理》（*National Geographic*）中的一张照片
- OWI初级图表（参见第125页）、OWI中级图表（参见第126页）、扩展OWI图表（参见第127页）、WI图表（参见第128页）

我在思考那个问题如何能够帮助你的理解。你可能好奇于图片中的人是否喜欢奶酪比萨，但是我并不确定这个信息能否真正帮助你更好地理解这张图片。

· 现在，告诉学生思考他们提出的问题，使用图片中的线索以及他们的经验和知识去推测。要求他们与同伴分享他们的推测，鼓励他们用“我想……”或“也许……”开始他们的推测。

· 学生们分享所有回答，你在图表的“推测”一栏中记录部分回答。

· 如果学生给出令人费解的或“超出经验范围”的推测，教师应该在学生的笑声平息之后立即进行澄清，这一点十分重要。

经常有人询问我推测和预测之间的区别。我觉得，预测是第一层面的推测：虽然与填补尚未获得的信息这一过程相比，预测遵循同样的过程，然而，在阅读结束时，预测或能够被证实，或无法被证实。预测与浅层问题相似，你的思考将会停止。真正的推测却是第二层面或深层思考，因为即使我们已经完成阅读，推测也无法被证实。所以，你的思考将会继续。

进行推测时，我们设法想象作者没有呈现给我们的信息。在这个过程中，我们利用自己的思考、经验和背景知识设法构建出这些信息。对于我来说，这听起来好像在使用自己的想象力去推测。如果我们阅读的是虚构故事或幻想小说，使用想象力去推测可能很奏效。但是，当我们阅读真实存在或已经发生的信息时，我们则需要远离自己的想象区域、集中精力放在自己的知识和经验上，这一点十分重要。

· 结束课程：

今天，我们放慢自己的思考，真正理解我们的大脑在推测时所发生的变化。首先，我们观察并找出已知信息；接下来，我们提出问题；然后，我们使用我们自己的经验和知识去设法“填补”或推测遗漏的信息。在现实生活中，我们的大脑以更快的速度运转，换句话说，通常，我们的大脑非常迅速地进行观察和思考。所以，在阅读过程中，我们的大脑会自动开始进行推测。

2.第二课：什么是OWI

· 开始课程：让学生选择一张他们想要研究的图像，将图像粘贴在他们的OWI图表上。本次课程可以独立完成，也可以与同学共同完成。

- 与同伴共同练习时，学生们首先口头练习OWI，分享他们观察到的信息、他们的问题以及他们从图片做出的推测。
- 学生们独立或两人一组在他们OWI图表恰当的栏目下填写他们的观察、想知道和推测。

> 针对本次课程，你将需要：
> - 从杂志或报纸剪下的图像或照片
>
> 每个学生将需要：
> - OWI初级图表（参见第125页）和OWI中级图表（参见第126页）

- 如果学生们开始意识到观察和推测之间的区别，你就可以允许他们从O-W-I进入WI学习阶段（参考第四课）。

3.第三课：扩展性OWI

本次课程由两部分组成，适用于中年级学生，可以用来教授塑造历史或影响历史的重要事件。我使用的图像选自国家地理杂志出版的《一百张改变世界的照片》（但是，并非所有图像都适合教授课程）。

- 开始课程：将所有学生分成四组或五组，为每组分发一张照片和一个扩展OWI图表。
- 学生们研究照片，并开始在图表的上部记录他们的观察内容、问题和推测内容。
- 所有小组分享他们思考的所有内容，突出思考一个或两个关键问题和推测内容。

> 针对本次课程，你将需要：
> - 《一百张改变世界的照片》（*One Hundred Photographs That Changed The World*）或任何附有文本的新闻事件照片，文本要与照片分离（教师在课程晚些时候为学生提供信息：每个学生一张复印件）
>
> 每个学生将需要：
> - 扩展OWI图表（参见第127页）

- 继续课程（可能在第二天）：向每个小组分发附在照片上的信

息或文本。

- 每个小组选出一个学生大声朗读与照片有关的信息。学生们讨论并在图表底部记录他们的回答和推测。
- 所有小组分享他们思考的所有内容。

4.第四课：让我们做WI游戏

针对本次课程，你将需要：
- 从《国家地理》或其他杂志裁剪下来的图像，图像无附加文本

每个学生将需要：
- WI图表（参见第128页）

作为前面的第二课中所使用的OWI图表的替代品，WI图表去掉了观察一栏，允许学生从问题开始思考。

这次活动需要两天完成：学生们利用第一天集中思考问题，然后利用第二天选择一个或两个深层问题，这样能够激发学生做出推测。

- 开始课程：学生们选择一张他们感兴趣的照片，并将照片粘贴在他们的WI图表上。
- 学生们针对图像提出问题，并在他们的图表中记录问题。
- 继续第二天的课程：老师要求学生通读他们的问题，并选择两个他们认为重要的、能够有助于扩展他们的学习和思考的问题。
- 提醒学生设法选择深层问题：要求问题能够帮助他们探索自己的思考并找到图片的含义。
- 在学生记录他们的推测时，鼓励学生“展示他们的思考”。

今天，我要求大家在记录推测时真正努力地向我展示你们“不断进行的思考”。这就意味着：你们不仅需要能够给出简短、快速的回答，还需要能够扩展自己的思考，来向我展示你们的思考。

- 示范以下两种推测的区别：表示你的思考已经停止的推测和表示你的思考继续进行的推测。鼓励学生“展示继续进行的思考”。

问题	推测
他多大年龄？	我认为他可能24岁。（停止的思考）
他多大年龄？	我认为他可能24岁，因为我认为你至少达到24岁才能得到足够的训练，才能攀爬巨大的岩石。（继续进行的思考）

教师以一个攀岩者的图片做示范。

攀岩者图片的WI样本。

· 学生在他们的图表上记录自己的推测。

我想知道……	我推测……
他多大年龄？ 山脚下是什么？ 还有其他人吗？ 这个悬崖在哪里？ 他迄今为止攀爬了多远？ 他是在向上爬还是向下爬？ 他是否紧张？ 他带了多少食物？ 他训练了多长时间？ 他住在哪里？ 悬崖如何变得如此陡峭？	悬崖也许在中国，因为我看到了一张中国的长城的照片，后院有许多山。 也许很久很久以前，悬崖在水下，后来来了一个怪物，所有的水都逃跑了，剩下了陡峭的悬崖。这只是一种可能！

5.第五课：从图像思考进入文本思考

对于我所教授的任何内容，我对学生提出的目标都是“学有所得”，而不仅仅是“完成任务”。对于提问和推测策略，我们需要花费一些时间帮助学生建立在实际推测过程中的信心和能力，这一点尤为重要。我们可以从提问图像开始，建立引向推测的过程，这是构建概念的一个方式。让学生针对文本提出问题、根据文本进行推测是我们的目标。因此，我们要示范如何将自己对提问和推测的理解融入文本，这一点十分必要。

针对本次课程，你将需要：

- 1—2页知识类读物（可以将其制成透明胶片）。例如，《蚂蚁》（*Ants*），作者：狄波拉·霍奇（Deborah Hodge）（P）；《冰海沉船》（*Shipwreck on a Sea of Ice*），作者：马特·怀特（Matt White）（I）
- 示范用的扩展了的文本问题和推测图表（参见第129页）

使用透明胶片讲授课程时，我喜欢使用纸张将部分文本遮盖，每次仅显露一部分文本。这样，学生们就能够在每次分别集中理解一部分信息。

在这种引导性课程过程中，我注意到：如果我首先示范并与学生们分享我的回答，那么我的回答就会成为他们的回答。我建议给学生预留时间，让他们首先进行讨论和分享回答，然后再分享你自己的回答。

- 开始课程：

前一段时间，我们一直在学习和练习推测。我们知道：有时我们需要向事物添加我们自己的思考，这样能够帮助我们更好地理解信息。到目前为止，我们一直在利用照片进行推测练习。今天，我们将要在阅读文本时应用我们对推测的方法，并观察文本中的推测是什么样子。我们需要谨记理解推测的秘诀：并非所有作者都会告知读者所有信息。通常，作者会省略一些信息，读者要向文本中添加自己的思考，以便理解文本。

- 提醒学生：当你进行推测时，你首先需要观察作者告诉我们的信息，然后思考缺失的信息和我们正在思考的信息，然后填写我们想出的“可能”回答。
- 展示透明胶片上的知识类文本，大声朗读第一部分样本、第一段或第一部分。
- 通过详细讨论你所阅读的文本来示范过程。

这里提到……但是我想知道……

- 在图表上记录你看到的事实和问题。

现在我将要思考这个问题，并填写我想出的“可能”回答。

- 要求学生转过身，与同学讨论他们针对自己的问题想出的“可能”回答，你在图表中记录你的“可能”回答。
- 邀请一些学生分享他们的思考。分享推测。

· 阅读另一部分文本并重复以上过程，详细讨论并记录问题和推测内容。

文本提到……	问题	推测
除了非常寒冷的地方，蚂蚁生活在地球的每个角落。	蚂蚁为什么不喜欢非常寒冷的地方？	“可能因为它们的身体或它们的皮肤表层会结冰。” “可能因为它们没有调节体温的能力。”
它们在土壤中挖洞或在树上筑巢，将其作为自己的家。	它们为什么有两个家？	“可能因为不同种类的蚂蚁有不同的家。” “可能因为它们使用巢穴产卵，使用蚁丘睡觉。”

示范推测：狄波拉·霍奇根据《蚂蚁》给出的初级样本。

文本提到……	问题	推测
二十八个人加入了沙克尔顿的南极探险队。	为什么他们会选择进行一次过去从来没有人尝试过的探险？	“可能因为他们一直想要探索过去从未有机会去探索的地方。” “可能因为他们厌倦了自己的工作。”
沙克尔顿的全体船员在浮冰上生活了五个多月。	他们为什么在那里停留那么久？ 他们如何获得食物？	“可能因为他们在等待救援。” “当时是冬天，可能他们无法进行水路旅行，因为水结冰了。” “可能他们吃生鱼，喝融水。”

示范推测：马特·怀特根据《冰海沉船》给出的中级样本。

· 总会有学生提出不相关的问题。例如，有些学生会提问："沙克尔顿船上的水手打呼噜吗？"我们需要对这类问题进行说明，引导学生回归到提问的目的，这一点十分重要。

> 我们为什么提出问题？（为了帮助我们更好地理解文本。）
> 你的问题如何帮助你更好地理解文本？（它并没有帮助理解。）

这样问题就解决了：如果问题与文本上下文不相关，问题则不会加深对文本的理解。

· 结束课程：

> 今天，我们一直在运用我们对推测的理解，观察阅读过程中推测是什么样子的。分解推测的过程有助于我们观察我们的推测从何而来。这样，我们不再需要写下所有信息。我们的大脑最终将自动切换到推测模式，我们将自然地向文本添加我们自己的思考。

6.第六课：根据文本进行推测

> 针对本次课程，你将需要：
> · 包含不同阅读力的知识类读物或影印文章的简短片段（参见第136页确定重点参考书目中的参考书目）
> 每个学生将需要：
> · 自己的问题和推测图表（参见第130页）

无论学习什么新策略，学生们都需要运用大量符合或低于他们阅读水平的文本进行实践练习，这样他们才能集中精力进行思考，并获得自信去理解更加复杂的文本。我们可以采用既包括教师示范又包括引导性实践的全班指导方法来介绍策略，这能够让学生处于一个平等的学习环境中。接下来的独立课程使所有学生都参与到相同策略的学习当中，唯一的区别是文本水平的不同。

· 开始课程：学生选择或教师为学生分配一部分知识类文本进行阅读。

· 如果可以，学生独立实践并完成图表。

· 教师自行组织需要更多的学习小组。

OWI初级

姓名：________________

在此粘贴图片		
观察	**想知道**	**推测**
我看见 ______ ______	我想知道…… ______ ______	可能…… ______ ______
我看见 ______ ______	我想知道…… ______ ______	可能…… ______ ______
我看见 ______ ______	我想知道…… ______ ______	可能…… ______ ______

OWI中级

姓名：________________________ 题目：__________

在此粘贴图片		
观察	想知道	推测

扩展OWI

姓名：________________　　题目：________________

我观察到	我想知道	我推测
现在我知道……	现在我想知道……	我的最终“可能”回答

WI

姓名:________________________________ 题目:____________

<table>
<tr><td colspan="2">在此粘贴图片</td></tr>
<tr><td>想知道</td><td>推测</td></tr>
</table>

文本问题和推测

姓名：________________________　　题目：____________

文本提到……	问题	推测

自己的问题和推测

姓名：________________

题目：________________　作者：________

我的问题 文本中没有提到的、你在思考的内容。确定你的问题与文本意义相关	我的推测 回答问题，添加你自己的思考以使文本更加有意义。设法以“我认为……”或“可能……”开始你的推测

第五章　确定重点

> 确定文本中的重要观点和重要信息是理解阅读和产生见解的核心。简而言之，如果知识类文本的阅读者想要从文本获得信息，他们就必须确定和记忆文本中的重要信息。
>
> ——斯蒂芬妮·哈维&安妮·古德维斯

在我们这个信息主导的世界，孩子们被各种各样的信息淹没——这些信息来自电视、网络、杂志和电影院。虽然孩子们通过观看绚丽的广告而形成加工和筛选策略的能力可能优于成年人，但是，当他们将这些策略应用于真实的文本时，他们是否能够有效地理解文本？事实上，虽然孩子们掌握了如此多的信息，但是，他们现在比过去任何时候都需要学习如何严格筛选信息，需要知道在哪里找到重要信息。如果你无法确定最重要的信息，就是浏览再多的信息也无济于事。

斯蒂芬妮·哈维对她曾经使用的大学教学课本进行了描述，并用彩色笔标出了许多文本。我与她的描述和文本进行了“比较”。（哈维 & 古德维斯）我的描述和文本看起来与她的描述和文本十分相似，但是，虽然我的文本内容丰富多彩，它们仍然能够显示出我在理解知识上的不足：我不知道如何确定文本中的重要信息，也就是如何“获得一部分文本的主旨”。作为一个阅读者，我没有接受过总结中心思想方面的指导，这一点对我来说虽然是个挑战，但是它也激励我向学生介绍各种各样的策略，这样他们才能学会如何通过细节进行筛选，并且总结中心思想。与其他类型的阅读者相比，其中的一些方法更适合特定类型的阅读者。因此，我认为，向阅读者介绍各种各样确定主要观点的方法和允许学生从中选择一个或几个最适合他们的方法就很重要。无论我教授的是哪种策略，如果学生们有更多机会去利用符合或低于他们阅读水平的文本进行实践练习，他们在独立阅读时应用策略的可能性就越大。

> 在探索帮助学生确定重点的方法过程中，我了解到许多策略，这些策略数目太多，我无法将它们全部在本书列举。在课堂中与学生共同尝试这些课程，使我找到了效果较好的几种策略。这些策略来源不同，尽管我可能对它们进行了改写和调整，但是我都会尽量给出它们的原本出处。

我的目标之一，是设法找到在各种文本都可以使用的阅读方法，这些方法并不专门局限于某些特定文本。本书的大多数课程适用于分析任何文本，我建议你利用这个机会寻找与你的社会研究和科学内容领域相关的书籍。

确定重点是学生们在阅读知识读物时将要学到的最重要的方法之一。如果学生不具有确定文本内容的能力，他们就很难继续深入理解文本以及更多的学习内容。教师应该教授学生找到文本主要观点的不同方法，为学生做示范，通过课程引导学生，并为学生提供机会，让他们运用符合自己阅读水平的文本进行独立实践练习，这些将会促进学生的阅读水平。

一、关于文本结构

虽然文本结构并不是一个新概念，但在过去几年内，我一直在思考这个概念。虽然现在我仍然认为了解这个概念对于阅读和理解知识读物没有什么特别的作用。与其他阅读方法相比，这其实是次要的。但是，至少应该向学生介绍这一概念，这样有助于学生认识到不同策略的使用方式。

我最早通过托尼·斯特德的《那是事实吗？》接触到了文本结构的概念。近来，苏·迪莫克和汤姆·尼克尔森在他们的专著《教授文本结构：知识类读物阅读成功的关键》中讨论了向学生教授不同文本结构的重要性，向学生教授不同文本结构能够增强学生对知识读物的理解。理解文本结构的阅读者，能够记住更多的重要信息。邦妮·梅耶是知识读物的早期研究者之一，迪莫克和尼克尔森的模型建立在邦妮·梅耶的研究基础上，他们的模型建议首先介绍文本结构的概念，然后展示四个或五个简单的知识类文本结构，以供学生学习。大多数学生在小学阶段开始接触的文本是描写性文章和记叙文。

> 阐述性文本结构意识是作家将文本组合在一起时对结构的意识。我们坚决相信教师需要教授学生如何注意文本组织和结构，尤其是本文阐述。
>
> ——苏·迪莫克和汤姆·尼克尔森

> 与所有策略相同，用符合或低于学生阅读水平的文本进行实践练习能够促进成功。

文本结构关键概念：

- 任何书面文本段落都具有文本结构。
- 文本结构是书写片段的组织方式。
- 文学类文本（故事、叙述文本）只有一种文本结构：背景、人物、情节、问题、解决、开始—中间—结尾。
- 知识类文本（信息、阐述性文本）具有几种文本结构：

  描写

  记叙

  对比和比较

  原因和结果

问题/解决

· 关注文本结构能够帮助阅读者确定重要信息。

二、怎样确定重点

针对本次课程，你将需要：
· 知识读物阅读力模型（参见第33页）
· 示范用的空白记录纸、透明胶片或记录板
每个学生将需要：
· 书写清单的便条纸

开始教授一系列阅读方法之前，向学生解释下面这个概念十分重要：我们在学习什么内容，我们为什么需要学习这些内容。苔尼·麦格雷戈在描述她的“提包”课程时，将提包中的所有物品拿出，并把它们放在学生面前的桌子上。物品种类各不相同，从手机、钥匙到口香糖、优惠券。然后，她告诉学生：她将在放学后绕操场慢跑，她并不想带提包；她只想随身带着重要物品，其余物品仍然放在提包中。学生们需要与同伴讨论她应该携带哪些物品、留下哪些物品，这个既精彩又有效的具体例子将阅读策略置于一个真实的情景当中。这样，学生才能够以最简单的形式体会这种策略。

· 开始课程：

我相信你们当中许多人已经注意到，当你阅读知识类文本时——例如有关特定主题或话题的书籍——文本通常展现给你许多信息。一些信息是重要的，一些信息可能不那么重要。积极的阅读者能够将所有信息分类，找出真正重要的信息。有时，我们可能无法找到真正重要的信息，或不知道在哪儿找到重要信息。我们将要学习的下一种阅读方法叫作“确定重点”。

（将确定重点拼图板块填入知识读物阅读力模型的头部。）

我将要帮助你们学习设法找到和确定知识类文本最重要部分的不同方法。你们很可能会发现更简便的方法，我也希望你们能够找到最适合自己的方法。

首先，我想我们应该做一个小游戏，以使我们的大脑为思考确定重点做好准备。我需要你们想象有人给你们一个机会到荒岛独自生活一年。如果你能够在这个岛屿上存活一年，你将得到一大笔财富。但是，你只可以携带十五件物品。我需要你们在便条纸上写下你将要携带的十五件物品的清单。现在开始仔细思考你需要携带的物品。

> 你需要说服同学你已经做出正确选择，这是挑战的一部分。本次课程所花费的准备时间和深入讨论的时间绝对值得。

· 学生写出他们自己的清单，清单包含十五件物品。

· 让学生与同伴分享，并将清单进行比较。在分享时间鼓励学生交换物品清单。

· 示范并与全班同学分享你自己的清单。

· 告诉学生他们现在需要删减五件物品，形成包含十件物品的清单。

· 做出示范，一边从你的清单中删减物品，一边说出你的想法，说明删除的物品没有保留的物品重要的原因。

· 引导学生删减五件物品，然后与同伴分享他们修改过的清单。

为了在岛屿上生存，我将会携带……

背包	睡衣	铅笔	防水布
水壶	钓鱼竿	笔记本	睡袋

· 再重复几次这个过程，直到教师告诉学生他们只可以携带三件物品。

· 结束课程：

大家都做得很好。你们在确定重点方面做得十分出色——也就是找出能够帮助自己生存的主要物品。这就好像你在使用积极的阅读者所使用的一种非常重要的思考策略：确定重点。你们通过思考、讨论和选择你们认为对自己生存最重要的物品完成了任务。虽然每个人的清单不尽相同，但是我确信，在你们之中，没有人最终会留下毫无价值、微不足道的物品；我知道，所有物品都经过了你们精心的挑选和调整。这正是我们需要在阅读过程中时刻谨记的标准——寻找主要观点不是得到正确答案，而是充分思考文本以获得你想要从中获取的信息；你要确定哪些信息应该被丢弃，哪些信息应该被“带到岛上”。

三、确定重点参考书目

Nicola Davies, *Extreme Animals*（I）
尼古拉·戴维斯,《极地动物》

Nicola Davies, *Poo*（I）尼古拉·戴维斯,《便便》

Stephanie Harvey & Anne Goudvis, *Comprehension Toolkit*（P, I）
斯蒂芬妮·哈维、安妮·古德维斯,《综合理解工具箱》

Ben Hillman, *How Big Is It?*（I）
本·希尔曼,《它有多大？》

Ben Hillman, *How Strong Is It?*（I）
本·希尔曼,《它有多强壮？》

Evan Moore Publishing, *Nonfiction Reading Practice*（reproducible units with articles at three different reading levels; available in various grade levels）（P, I）
埃文·摩尔出版社,《非虚构类阅读训练》（可反复练习的单元，文章有三种难易程度；适合多个年级）

Evan Moore Publishing, *Read and Understand Science*（reproducible articles for content area reading practice; available in various grade levels）（P, I）
埃文·摩尔出版社,《阅读并理解科学》（文章可反复使用以供内容方面的阅读练习所用；适合多个年级）

Cormac O'Brian, *The Daily Disaster: Real Life Stories of 30 Amazing Disasters*（I）
科马克·布莱恩,《日常灾难：现实生活中30例惊人的灾难故事》

School Specialty Publishing, *Extreme Readers series*（P）
学院专业出版社,《非常读物系列丛书》

Louise & Richard Silsbury, *World of Plants series*（include: *Why Do Plants Have Flowers?; Where Do Plants Grow?*）（P）
路易斯·西斯布、理查德·西斯布,《植物世界系列丛书》（包括:《植物为什么会长出花儿？》《植物在哪儿生长？》）

Diane Swanson, *Up Close: Tails That Talk and Fly*（also *Up Close: Noses That Plow and Poke*）（P）
黛安·斯旺森,《探索：会说能飞的尾巴》（还有《探索：会犁能戳的鼻子》）

Diane Swanson, *Animals Eat the Weirdest Things; Animals Can Be So*

Speedy; Animals Can Be So Sleepy（P）
黛安·斯旺森，《动物吃最奇怪的东西》《动物可以跑得如此快》《动物可以如此困倦》
Text on Two Levels series（includes: *Energy; Geography; Solar Power; Resources*）(I)
两种层次的文本系列丛书（包括：《能源》《地理》《太阳能》《资源》）

网站

Sports Illustrated for Kids
《儿童体育画报》
http://www.sikids.com/
CBC for Kids
加拿大广播公司儿童栏目
http://www.cbc.ca/kids/
National Geographic for Kids
《儿童国家地理》
http://www.nationalgeographic.com/kids/
Time Magazine for Kids
《纽约时报儿童杂志》
http://timeforkids.org
What in the World?: Current events for Canadian schools
《干什么？：加拿大学校的时事》
http://www.lesplan.com/main.php
http://www.readinga-z.com
http://www.readingquest.org
http://www.readwritethink.org
http://www.readinglady.org

四、学习提高确定重点能力

小偷，这个策略修改自S.L.曼兹的研究成果，曾为预览教科书所制定。我使用这个策略来帮助中年级学生为阅读教科书的新章节，预览一篇文章或一个文本的选定部分“做准备”。它适用于某些文本类型，但并不适用于所有文本类型。

· 开始课程：

我们一直在谈论确定重点以及如何设法找到一个文本段落的主要观点。有时，一个页面上的信息非常多，并非所有信息都是重要信息。但是，文本中的某些部分通常包含最重要的信息。

设法寻找重要信息时，如果你知道能够找到信息的具体位置，这也许会对你有所帮助。这个策略被称为“小偷——T-H-I-E-V-E-S”。我想要花费一些时间谈论小偷和他们的行为。我们来想一下，为什么

主题
标题
介绍
首句
图像
结尾
那又如何

会出现小偷？（他们想要偷东西。）正确——他们闯入房子想偷东西。现在我们来思考他们这样做的原因。你认为他们会站在门厅思考他们应该最先查看哪里吗？大多数小偷知道自己想要偷什么物品，更重要的是，他们知道到哪里去寻找自己想要的物品。小偷会到哪里寻找他们想要偷盗的“物品”？（卧室、办公室、起居室。）

今天，我们将要学习如何在阅读时成为小偷，与一个技术精湛的小偷相似，一个优秀的阅读者一定要知道到文本的哪里去寻找“好东西”。

· 从THIEVES这个首字母缩略词入手，解释每个字母代表的含义。使用一张透明胶片并直接将策略应用于一个文本段落的分析将十分有效。

T——主题
H——标题
I——介绍
E——首句
V——图像
E——结尾
S——那又如何

让学生自己制作THIEVES书签并将这些书签夹入他们的教科书复印本中。这能够在学生独立阅读时有效地提醒他们。它们应用起来非常简单。我相信，如果我在高中时期就已经学会这个策略，我就能够在大学时期省下一大笔购买荧光笔的费用。

· 继续课程：

最重要的字母是最后一个字母——S——“那又如何”阶段。那么，你认为本章（或本篇文章）最重要的观点是什么？转过身去与你的同伴讨论。

· 结束课程：

小偷策略有助于确定信息文本中的重要信息，也是帮助你在阅读文章前“做好思想准备”的一个方法。如果你在阅读文本之前就对文本内容有所了解，那么，你的阅读将变得更容易。此外，你也会发现，在阅读文本主体之后，你会掌握最重要的信息，因为你知道如何成为一个“小偷”！

1.第一课：初级学生的备用方法：窥视

对于初级学生来说，学生们可以在预览比较简单的知识类书籍时使用小偷策略的一个简化版本。学生们在开始阅读之前可以使用这个策略，将其视为为阅读和思考文本内容做准备的一种方式。这是一个能够与同伴口头完成的快速浏览方法。

> 针对本次课程，你将需要：
> - 一本适合初学者的知识类读物（大开本书更适合本次课程）

· 开始课程：

信息类书籍中包含各种各样的信息。

（举起一本书，将书展开。）

有时，当我阅读与这本书类似的知识类图书的某一页时，如果整张页面全是信息，我都不知该从何处下手！有时，在我开始阅读所有内容之前，“窥视”这些内容会对我的理解有所帮助。这样，我在开始阅读之前就能够知道这张页面上，哪些信息可能是重要信息。这种快速阅读方法被称为“窥视”。这个方法刚好能够帮助我为阅读整张页面做好准备。

· 在黑板或记录纸上垂直写下窥视的英文单词PEEK。

> 图片
> 每个标题
> 结尾
> 知道

字母P代表图片。在阅读页面之前，我将要观察所有图片。观察图片帮助我将我的思绪集中于页面的内容和可能重要的信息。

字母E代表每个标题。我们知道，一张页面上的信息通常被分成几个部分。阅读页面上的主题和标题帮助我们将思绪集中于信息。

字母E代表结尾。一本书或一个章节的结尾通常会复述重要事实。首先阅读结尾能够帮助我将我的思绪集中于可能重要的信息。

最后一个字母K代表知道。我们了解这本书（或这张页面）的哪些内容？这本书（或这张页面）与哪些内容有关？记住，我们还没有阅读所有文本，但是，如果我们能够思考我们从自己细微的“窥视”动作获得的那些信息，它就能够帮助我们将自己的思绪集中在重要信息上。

P——图片
E——每个标题
E——结尾
K——知道（我现在知道的哪些信息可能对于这本书十分重要？）

· 继续课程：

现在让我们尝试运用这本书进行“窥视”练习。谁还记得P代表什么含义？正确——那么，我将要观察所有图片，思考我观察到的内容。

（讨论照片。）

谁还记得E代表什么含义？正确——那么，我将要阅读本张页面上的所有标题。

现在，我将观察结尾，以判断那里是否包含重要信息。

现在，我将询问自己：对于这本书，我现在知道哪些信息。记住，我仍然没有阅读文本，但是我已经窥视了书中的部分内容。

转向你们的同伴，告诉他们你现在知道的信息。

· 针对你对本张页面已经知道的信息做出示范。
· 结束课程：

“窥视”是阅读者能够在开始阅读信息类书籍之前采取的行动。它虽然仅花费几分钟，却是一种有效的方法：它能够将我们的思绪集中于我们即将阅读的内容，并帮助我们找到重要信息。

· 独立实践：学生们可以选择他们自己的书籍独立或与同伴一起进行“窥视”的实践练习。

2.第二课：将标题转化为问题

这种简单有效的策略无须准备，但能够有效地引导读者找到最需要、最关键的文本片段。这种策略采取简单的原则，将主题和标题转化成问题，然后通过阅读找到答案。主题和标题通常能够正确引导读者。

针对本次课程，你将需要：
· 示范用的知识类文本透明胶片，例如,《鲸鱼与海豚》(*Whales and Dolphins*)，作者：卡洛琳·宾厄姆 (Caroline Bingham)

寻找一张包含一个主题的页面，上面列有几个标题或副标题。

· 开始课程：

今天，我将要向你们展示一种快速的阅读方法，这种方法能够帮助你们快速确定文本的中心思想。它结合了我们已经学过的两种方法——向文本特点的推进和问题的提出。正如我们之前所学过的，一张页面上的信息通常由标题分为几个部分。

（指向透明胶片上的标题。）

就像你们在这里看到的，本篇文章含有一个题目和几个标题。我们将要使用这些标题来帮助我们聚焦于自己的阅读，并确定本篇文章的重要观点。

首先，我要将题目抄写在这张记录纸上。本篇文章的题目是哺乳动物不是鱼类。

（抄写至标题栏内。）

现在，我将在这个栏内将标题转化为问题。我可以写出哪些问题呢？

- 针对将标题转化为问题做出示范，在问题栏内进行记录（参见第143页举例）。
- 记录第二个标题。
- 引导学生与同伴选择一个问题来进行练习。
- 引导学生给出问题，并在记录纸上做出记录。继续引导和示范。
- 继续课程：

现在，我将阅读本篇文章，找出这些问题的答案。我将会用这些问题引出这篇文章的中心思想。我在这里写出的第一个问题："什么是哺乳动物？"我首先要阅读文本，从而找到这个问题的答案。

- 朗读这一部分，给学生示范，回答问题，在记录纸上做出记录。
- 继续阅读每个部分，提醒学生阅读的目的是试着回答问题。
- 示范一到两个例子后，引导学生参与实践，以完成记录表。
- 结束课程：

卡洛琳·宾厄姆针对《鲸鱼与海豚》给出的样本。

使用标题来引导我们阅读是找到文本重要信息的一个方法。将这些标题转化为问题，并且找到问题的答案，这个过程能够帮助我们集中于文本的重要信息。

题目或标题	将其转化为问题	阅读以回答问题
哺乳动物不是鱼类	什么是哺乳动物？ 它们为什么不是鱼类？	——温血动物 ——用肺呼吸，不用鳃呼吸
吸气	哺乳动物如何呼吸？	——到水面呼吸
保暖鲸脂	鲸脂如何为它们保暖？	——通过呼吸孔吸气，不用嘴巴
刚毛	毛发如何起到保护作用？	

3.第三课：提问练习

> 针对本次课程，你将需要：
> - 一本知识类图书
> - 将标题转化为问题记录纸（参见第154页）

- 开始课程：学生们可以独立或与同伴一起练习。
- 让学生选择他们自己的知识类读物。
- 让学生寻找包含几个标题和题目的一页或两页的展开页。
- 学生们记录标题，提出问题，然后阅读文本回答问题。

4.第四课：介绍知识读物的结构

> 针对本次课程，你将需要：
> - 示范用的记录纸或记录板

无论我教授哪些内容，了解概念是理解和运用的关键。本次课程向学生介绍文本结构和信息类文本中最常见的五种不同结构的概念。

- 开始课程：

我们一直在学习确定信息类文本段落中重要信息的不同方法。今天，我们将要了解文本结构，或文本段落的组织方式。了解文本的组织或结构能够帮助你找到重要信息。

文本结构是作者组织和整理观点的方式。每个文本段落都具有符合它的结构或“建筑设计”。有人知道建筑师的工作是什么吗？（设计建筑物。）让我们暂且将建筑师与作者做比较。例如，一位设计师正在设计一栋房子。一栋房子具有房子的基本结构——房顶、墙壁、门、窗。虽然每栋房子看起来有所不同，但是内部结构却是相同的。因此，建筑师从一栋房子的基本结构开始，然后再添砖加瓦，以使房子与众不同。如果建筑师正在设计摩天大楼，那么它的结构将与房子的结构呈现很大差异——摩天大楼具有更多楼层，更多窗户、电梯和楼梯。同样，建筑师从基本结构开始，然后添加细节。作家的工作与建筑师的工作颇为相似，但是作家不像建筑师那样设计建筑物，而是设计文本。

例如，一位作家需要撰写一篇故事。一篇故事具有它的结构或框架——背景、人物、情节，提出问题、解决问题。作家最初需要构建故事结构，然后再加入细节，使故事变得独特。如果作家想要撰写一篇有关企鹅的信息类篇章，他将使用一种与撰写故事不同的结构。作家会从描述事物的基本结构开始，然后添加有关企鹅的细节。

我们阅读的所有文本都具有文本结构。不同种类的文本具有的结构也不尽相同。了解文本结构才能真正帮助你更好地理解文本。

文学作品或故事只具有一种结构：背景、人物、情节、提出问题、解决问题。所有故事都具有相同的结构，但添加的细节使每个故事不尽相同。知识读物、真实的写作或展示信息的写作具有几种不同的文本结构。了解不同的知识读物结构不仅能够帮助你成为更加精湛的阅读者，也能够对你的写作有所帮助。

第一种文本结构叫作描述。这是一种我们在学校阅读知识读物时最常见的文本结构。这种结构对具体地点、人物、事物或事件的事实进行描述。如果你正在阅读一本有关鸟类、恐龙、星球、国家的书——这些书都属于描述类。我们有时遇到的描述类文本结构或建筑设计都呈网状。

（在记录纸或记录板上画出一个网状物。）

主题位于中间，它周围的圆圈包含与主题相关的细节。如果你正在阅读文本，使用这样的网状物并在里面添加重要信息会有利于寻找中心思想。

第二种文本结构叫作顺序结构。对于任何按照步骤或一定顺序写作的内容，都是一种常见的知识读物的文本结构。例如：历史事件、游戏说明、食谱；或任何按照先后顺序出现的事物，例如太阳系中的行星。能够帮助我们阅读顺序类文本的图像如下。

（在记录纸或记录板上画出。）

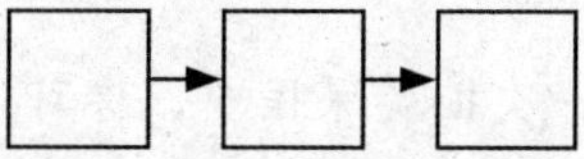

或者，文本框有时可能上下排列，像下面这样：

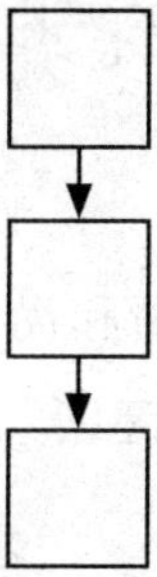

如果你阅读的是按照先后顺序发生的事件，你可以将每个事件写在每个文本框中，这能够帮助你找出文本的中心思想。

· 继续课程：介绍不同的文本结构：比较和对比，问题/解决，原因和结果。为每种文本结构画出图像框架（参见第155—156页的文本结构表）。
· 结束课程：

今天，我们学习了与文本结构有关的知识。文本结构是作者用来提炼观点的框架，与建筑师用来设计房子的框架相似。了解文本结构对你们的理解会有怎样的帮助？（有助于确定重要信息，有助于做记录，有助于组织你的思维。）

· 扩展课程：向学生介绍文本结构后，给学生机会，让学生进行确定不同文本结构的实践练习。以游戏的形式完成任务：

说出文本结构的名称：

· 阅读或展示不同文章或文本，制作透明胶片效果会更好。在你朗读的过程中，给学生留出一分钟时间，让学生或阅读，或聆听。第一个正确判断文本结构的同学为他的小组赢得一分。

· 在另外一次扩展课程中，你可以在确定文本结构之后，向学生示范并引导他们如何使用具体图像来记录文本的中心思想，这样有助于规范记录。这些图像也可以用来规划写作内容。

5.第五课：关键词

本策略来自简·韦尔斯和简妮·里德的研究成果，是教会学生如何从文本段落中选择“关键词”，以及使用这些关键词总结中心思想的方法。

针对本次课程，你将需要：

· 一页文章或知识类读物页面的透明胶片（参见第157页“在洞穴前面”[*At the Front of the Cave*]样本）

· 掩盖部分文本的便利贴

学生们将需要：

· 书写一系列关键词的纸张

· 关键词1（参见第158页）或关键词2（参见第159页）表格

· 开始课程：

我们一直在学习帮助阅读者确定、找出知识类读物中心思想的方法。今天，我们将学习与关键词有关的内容。关键词是包含文本重要思想的词语。任何文本段落都包含许多词语，有些词语比较重要，有些词语则没那么重要。找到重要的关键词能够真正地帮助我们将重要信息与次要信息区分开来。

· 将透明胶片形式下的文章“在洞穴前面”（或任何其他单页文章）以投影方式展示，使用便利贴覆盖除题目以外的任何文本。

· 展示主题，要求学生从题目中的六个词语中选择一个他们认为是题目关键词的词语。

· 学生们与同伴分享他们的选择，并解释他们选择特定词语的原因。

· 将便利贴从题目中移除，继续覆盖文章的其他部分。

· 要求学生与同伴讨论，他们认为文章将与哪些内容有关。让一些学生分享他们的观点。

- 将图像、照片和说明文字上的便利贴移除，重复以上过程，同时继续覆盖文章的主体部分。学生们讨论它们不断了解到的与文本段落可能相关的知识。
- 学生分成不同小组，每个小组需要确定文章最可能与哪些内容相关（例如岩狸）。要求学生在他们纸张的顶端写出主题。向学生解释他们将要针对主题列举一系列关键词。
- 将便利贴从第一个段落或文本的第一部分移除，要求学生仔细阅读显露出的文本。你也可以将文本大声朗读。
- 要求学生选出三个他们认为最为重要的关键词。让学生在他们纸张的主题下方写出这些词语。
- 学生分享、对比他们的词语清单，并讨论他们的选择以及选择这些词语的原因。
- 学生们分享之后，与学生们分享你自己的选择。
- 继续课程：

  是否有人能够告诉我，你是如何做出选择的？哪些因素帮助你确定你所选择的关键词？

> 针对本次课程，我刻意选择了三个与文本或主题不相关联的词语。我对我的选择做出解释，然后让学生告诉我这三个词语不适合的原因。通过“装傻”和让学生告诉我如何确定关键词，他们将会更好地掌握这个策略。如果我在课程一开始就告诉他们如何寻找关键词，课程就无法达到同样有效的效果。

- 当你引导学生说出，如何最有效地找出关键词时，在记录纸上写出要点，并在关键词上做出标记。

在这个样本中，这个三年级学生使用了所有关键词，但是在写作方面需要提高。在一个句子中使用两个关键词不仅有助于构建更加流畅的段落，也能避免不恰当的“机器人谈话”。

蜗 牛

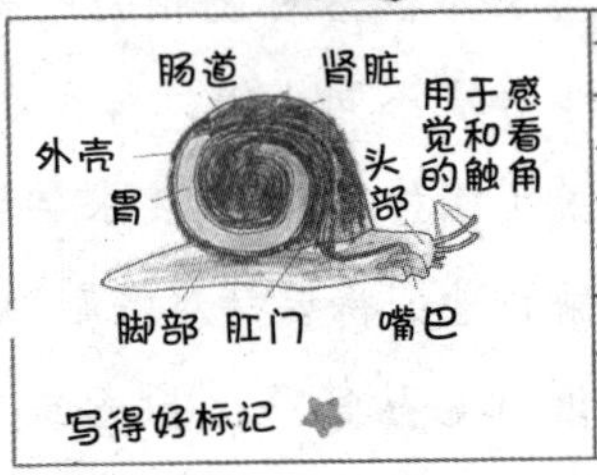

关键词
腹足类 ✓
无脊椎 ✓
微小的牙齿 ✓
植物和菌类 ✓
黏液 ✓
产卵 ✓
夜间活动的
危险

蜗牛的舌头上有许多细小的牙齿。蜗牛没有脊柱。蜗牛被称为腹足类。蜗牛以植物和菌类为食。蜗牛分泌黏液。蜗牛产卵。蜗牛在夜间活动。当蜗牛感觉到危险时，它们会缩回外壳内。

这位同学总结的篇幅最后变得比文本本身都要长——因为学生通常将他们的背景知识穿插在他们的总结当中，所以这种情况会经常发生。这种情况应该使用“做出总结”等策略（参见第149页）有助于删减多余信息。

在海底

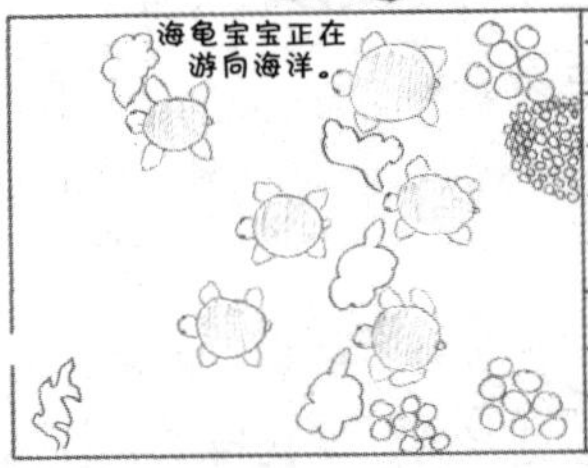

关键词
装饰得明亮的鱼
鱼自己发光
海龟宝宝
螃蟹
章鱼

在海洋底部生活的鱼是一种装饰得明亮的鱼。一种叫作斧鱼的鱼类生活在海洋最深处。海龟宝宝出生后，它们摇摇摆摆地向其他海龟群爬去，然后爬向大海。螃蟹将自己埋在海沙中。章鱼的爪子和触角可以重新生长，但是头部无法重新生长。人们在海下可以看到许多旧船，

→下一页

> **寻找关键词**
>
> 寻找……
>
> · 与主题相关的词语
>
> · 在题目、标题或文本中重复出现的词语
>
> · 帮助你想象的词语
>
> · 帮助你记忆重要观点的一个词语

· 继续课程：将便利贴从每个段落或每个部分移除，然后让学生向他们的清单中添加关键词（每个段落通常包含两个关键词，但是，根据文本长短的不同，关键词的数量也不尽相同）。

· 学生们分享和比较他们的清单，在阅读过程中移除或改变词语。

· 结束课程：一旦完成清单，要求学生将他们的清单抄写在关键词表格中。可以附加一张标记图片。

· 扩展课程：将下次课程——做出总结——作为温习课程的有效方法，因为温习课程会有助于学生学习如何更加有效地做出总结。

6.第六课：做出总结

摘要写作对于我们许多人来说都富有挑战。我们很难知道，摘要应该包含哪些信息，省略哪些信息。学生通常会在摘要写作方面遇到困难，因为他们的背景知识总会干扰他们的写作——背景知识对写作产生的影响，使摘要的篇幅接近《战争与和平》一样冗长，无法达到《科尔斯笔记》那样简短。我通过这样的趣味阅读练习发现了一个有趣、好玩的策略，这种策略能够将花钱的概念与摘要写作联系在一起。学生们也将学习如何将几个关

> 针对本次课程，你将需要：
>
> · 第五课记录的关键词清单：关键词（参见第158—159页）
>
> · 示范用的记录纸或记录板

键概念组合起来形成一个句子。

· 开始课程：

我们一直在学习确定文本中重要信息的方法，我们也学会了如何用几个短句来呈现这些信息。许多信息精简后成为更精练信息的过程，被称为总结。更精练的精简版本被称为摘要。最佳摘要只包括文本的重要信息，从而省略了许多细节。今天，我将要向你们展示一个有趣的方法，这种方法会告诉大家如何使用一种叫作“做出总结”的策略来写作摘要。“总结”不仅代表精简和选摘，也代表添加。

以下是我从我们昨天阅读的文本段落中选出的关键词。

岩狸	
洞穴	太阳跟随者
掩体	食草动物
敌人	家庭
哺乳动物	天气

我将要使用这些关键词写出一篇摘要。而且，我们来做一个小游戏：每个词语价值10美分。其中的挑战是，使用清单中的所有词语设法写出价值2美元或更便宜的摘要段落。除了主题——岩狸——我的清单上还有八个词语，这意味着它们一共价值80美分。这样我就只有1.2美元了，所以我在选择其他词语时要十分小心。哦——因为我今天非常慷慨，所以主题词语免费！因此，当“岩狸”共同出现时，我不需要将这两个词语计算在内。当你做“做出总结”游戏时，你也需要思考，如何将许多关键词组合成一个或两个句子。

· 用你的清单示范如何将几个词语连接在一起，形成一个句子。

我是这样开始的：

岩狸是小型哺乳动物，它们使用洞穴作为掩体，躲避恶劣天气和敌人。

> 至今为止，我已经写下十四个词语，因为其中两个是免费词语，所以我已经花费了1.2美元。这就意味着我还可以花费80美分——或继续写出八个词语。因为我已经使用了清单中的四个词语。在剩下的八个词语中，四个词语需要来自我的词语清单。我仍然有许多重要信息需要表达，所以我需要添加另外一个句子。写出另外一个句子后，反过来，我可能需要重新修改第一个句子。
>
> 现在我们来看，你用自己的词语清单能够写出什么样的句子。

- 给学生留出时间写出自己的摘要。
- 学生们分享和互助，如果它们的“费用”超额，他们就需要彼此帮助。
- 引导一些学生朗读他们的摘要。
- 结束课程：

> 今天，我们学习了一种摘要写作的简单方法。花费2美元或更少的钱写出摘要并不容易，但是，当你需要写出一个文本段落的中心思想时，一定要记住这一点。摘要应该包括最重要的观点，而不能添加多余的细节。

7. 第七课：聆听、画草图、做标记、做总结

> 针对本次课程，你将需要：
> - 适合学生等级水平的一页知识类读物文章，以供大声朗读
>
> 学生们将需要：
> - 聆听、画草图、做标记、做总结的记录纸（参见第160页）或画出记忆草图图表（参见第161页）

虽然想象不是我在知识读物阅读方面集中讲解的一种具体策略，但是因为大多数知识读物包含许多图像，所以，这种策略对于确定重点可能会起到十分有效的作用。创建重要观点的思维图像有助于学习者筛除细节，记忆重要信息。这种策略修改自费伊·布朗利的研究成果，许多课堂实践已经证实这种策略具有显著的效果。

我通常会收集学生的草图，并在第二天继续课程。学生们通过草图记忆文章的效果十分惊人，即使已经过去一天的时间——这就证明图像记忆是一种有效的策略。

本课使用的文本来自斯蒂芬妮·哈维和安妮·古德维斯的《综合理解工具箱》(*Comprehension Toolkit*)中的“反对喝汽水的根据”。

· 开始课程：

有时，当我阅读知识读物时，我发现在阅读过程中进行想象有助于我记忆重要信息。因为我们通常很难想象细节，所以，想象的确有助于阅读者省略细节、集中注意主要信息。今天，我们将进行想象策略的实践练习。

· 从开头至末尾大声朗读文章，要求学生在聆听过程中努力想象或创建思维图像。
· 再一次通读文章，在文本段落之间停顿，给学生留出时间以快速画出能够帮助他们记忆那部分文本的草图。
· 要求学生用几个关键词（不是句子）为他们的草图做标记。
· 继续阅读文章，在段落之间停顿，给学生留出时间向他们的草图中添加信息。
· 学生们使用他们的草图进行“指向和讨论”练习，复述他们记忆的文章内容。
· 学生们运用他们的草图和关键词在记录表底部写出重要信息摘要（做出总结课程在这里十分有效。参见第149—151页。）
· 结束课程：

你们有多少人发现想象有助于自己从所有细节中筛选主要信息？想象信息的思维图像是记忆重要信息的一个有效方法。有时，我在阅读信息时会在身边放一张素描纸。画出重要信息有助于理解我所阅读的内容，也有助于我更好地记忆信息。

姓名：____________________

首先，独立完成：聆听、画草图、做标记

然后，与同伴完成：指向和讨论

最后，独立完成：书写

主题：汽水

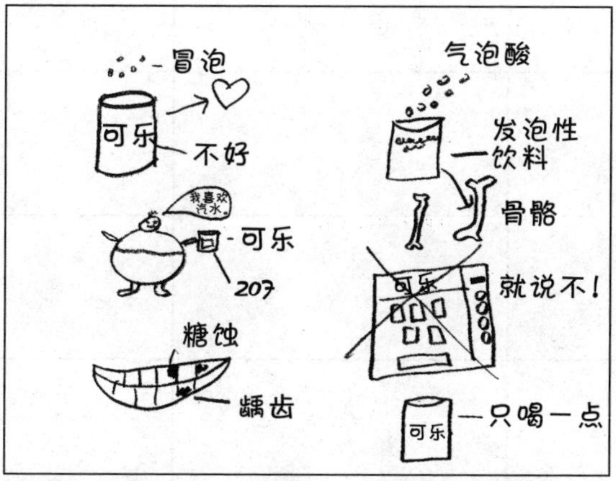

喝太多汽水会使你变胖，也会使你长龋齿。发泡性饮料会使你的骨骼萎缩。仅喝一次或两次汽水是可以的。但是这些机器也会被破坏掉。

将标题转化为问题

姓名:________________________ 日期:____________

书籍名称:______________________ 作者:____________

题目或标题	将其转化为问题	阅读以回答问题

文本结构表

文本结构	它是什么？	图像	提出的问题	标志性词语	举例
描述	组织描述特定地点、人物和事物的事实，描述的事实不具有特定时间或次序顺序	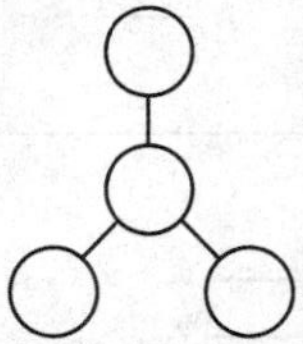	· 正在描述的是什么？ · 被描述的事物具有哪些最重要的特点或属性？ · 它具有怎样的外观（动作、气味、触感、声响）？ · 描述为什么重要？	行为词（爆炸、展开、啃咬） 连接词（是[单数]、是[复数]、属于） 现在时（是，存在，生长） 事实性描述，而不是想象性语言	关于动物、昆虫、栖息地、云彩、国家、星球等报告
顺序结构	按照事件的先后顺序组织事件；事件具有特定时间和/或次序顺序	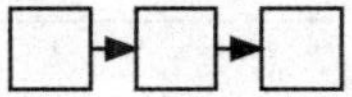	· 描述的是怎样的事件顺序？ · 首先发生了什么？然后发生了什么？等等。 · 主要事件是什么？ · 样式是如何展示的？	在……之前 在……期间 在……之后 最后 立即 最初 紧接着 一……就…… 后来 接下来 同时 现在 很快 然后 直到 今天	· 描述历史事件的次序顺序 · 在报纸报道中复述事件顺序 · 关于制作方法或制作物品的说明 · 复述某个人生命中的关键事件（传记） · 描述某种植物或动物的生命周期

（续表）

文本结构	它是什么？	图像	提出的问题	标志性词语	举例
比较和对比	根据相似之处和不同之处组织信息	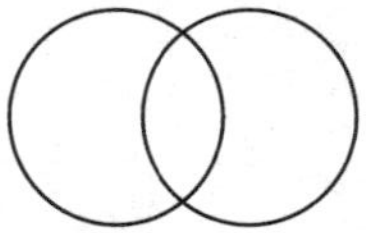	· 比较的内容是什么？ · 它们有怎样的相似之处？ · 它们有哪些不同之处？ · 得出哪些结论？ · 样式是如何展示的？	尽管 两者 但是 共同 同……一样 与……相比 两者之一 与……相对 仍然 然而	比较一下内容的相似之处和不同之处： · 两个或更多国家 · 两个或更多栖息地 · 两种或更多种动物或昆虫 · 两种或更多种宗教信仰
问题/解决	为某个问题提供信息和提出替代解决方案	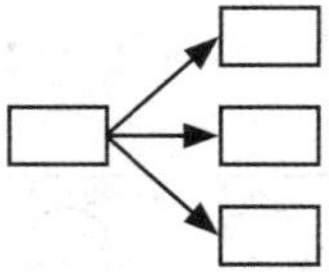	问题是什么？ · 什么引起了这个问题？ · 有哪些解决问题的可能方式？	一个问题是 一种解决办法是 问题是 由……解决 建议 推测 证据是 原因是 一种原因是 重要问题是	· 问题：在学校操场乱扔杂物 · 问题：我的朋友在课间休息时对我不理不睬 · 问题：地球上不可避免的水资源匮乏 · 问题：全球变暖
原因和结果	告知一个或多个事件如何导致另一个事件（或几个事件）的接连发生	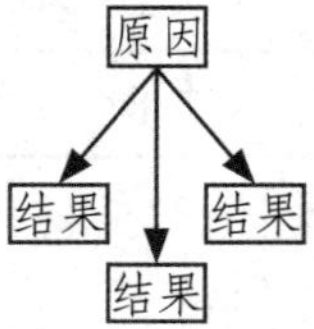	描述的事件是什么？ · 哪些因素促成了这个事件的发生？ · 这可能导致哪些后果或结果？	结果 因为 这引起 尽管如此 如果……那么 以致 这样 相应地 于是 结果	· 不良饮食习惯对健康的影响 · 污染和气体排放对地球变暖的影响 · 松树甲虫对野生动物和工业的影响

在洞穴前面

岩狸

洞穴的入口处是动物寻求保护、躲避敌人和恶劣天气的一个好地方。非洲、阿拉伯半岛和亚洲的岩狸就会使用岩石和巨石中的洞穴或缝隙隐藏。

岩狸属于哺乳动物，外形与毛茸茸的豚鼠相似，只是体形略大。因为岩狸没有防御能力，所以它们依赖掩体的遮挡得以生存。

在上午觅食之前，岩狸的家庭成员们会先晒上几个小时的太阳。它们只以浆果和植物为食，即使没有水，它们也能生存很长时间。

鹰、大型猫科动物和蟒蛇都是岩狸的敌人。只要危险来临，岩狸都会躲到洞穴里，以确保自己的安全。

修改自《穴居动物》（*Cave Dwellers*）

岩狸使用岩石和巨石的缝隙作为躲避敌人的地方。

岩狸花费许多时间晒太阳。

关键词1

姓名:________________________________ 日期:__________

关键词2

姓名：________________________ 日期：__________

主题：________________________

第一部分	第二部分	第三部分

摘要：

____

____

____

____

____

____

____

____

聆听、画草图、做标记、做总结

姓名:______________________________ 日期:__________

首先，独立完成：聆听、画草图、做标记
然后，与同伴完成：指向和讨论
最后，独立完成：书写

主题:______________________________

画出记忆草图

姓名:______________________　日期:__________

文本:______________________

画出代表阅读文本中心思想的图像。	写出与你得出的中心思想相关的三个事实。
	1. ________ 2. ________ 3. ________
	1. ________ 2. ________ 3. ________
	1. ________ 2. ________ 3. ________
	1. ________ 2. ________ 3. ________

修改自《识字进阶》(*Moving Up With Literacy Place*)

第六章　联结

参考你过去的经验——对于自己的经验，你再熟悉不过：你的记忆、经历和知识，存在于你大脑和心灵的深处。在那里，你会发现你所需要的所有信息，而你能够使用它们去理解这个世界。你需要依靠这些东西，它们总是与你相随，与你共呼吸、共生活、共思考、共同感知和学习。

在阅读者已知信息和新信息之间建立联结是学习和理解的核心。

——斯蒂芬妮·哈维

我一直相信，理解的核心在于对联结的理解和能力。联结是基础，所有其他策略都是建立在这一基础之上的。当你参考自己的经验时——也就是你的内部思想、观点、记忆、知识和情感——理解才能以其最真实的形式发生。

在20世纪80年代，认知心理学家设计出图式理论，来解释我们过去的经历、知识、情感和理解会对我们学习的内容和方式造成怎样的影响（安德森 & 皮尔森）。你需要意识到你的经验是知识的来源，知道这一点与获得知识本身同样重要。成功的关键在于，使学生具有元认知意识。许多理解领域的专家将这个“探索地”称为图式，这其中就包括斯蒂芬妮·哈维和安妮·古德维斯。图式是大脑的一部分，它包括你的观点、经历和知识。因为每个人的生活不同，所以每个人的图式也不同。许多教师借助图式成功地教授学生进行联结。虽然我使用的方法略有不同，但是概念是相同的。教授学生进行联结时，我将图式解释为“生活故事”：

> 你的生活是一则故事。这则故事只是没有被书写成文本。当你阅读一则故事时，你需要判断你是否能够在自己的生活故事中找到一个“篇章”，来帮助你更好地理解你所阅读的故事。

> 世界由故事组成，而不由原子组成。
> ——穆里尔·鲁凯泽

我和我的孩子斯宾塞、奥利弗也使用这个比喻。无论任何时候，只要我们全家开始做某件事或者到某个地方旅行时，我总是说：“我太开心了！我再一次为我的生活经历增添了新的篇章！”在一次棒球比赛中，投球局结果异常糟糕。比赛结束后，斯宾塞跑出场地对我说：“妈妈，什么都别说了。这实在是糟糕的一篇。”还有一次，我的小儿子奥利弗用一个略微不同的方式，理解了他首次参加的长曲棍球比赛。我问他是否紧张，他回答道：“我并不是真正紧张。我只是想找到长曲棍球比赛中属于我的那一部分，但是我什么都没找到！”

教师们经常问我一个问题，我如何才能帮助我的学生进行深入联结？他们的学生也知道如何提出问题、进行联结，只是缺少理解深度，而这正是我们希望他们所能够达到的。通过确认和示范快速思考与深入思考之间的区别，我会帮助学生从理解的表层进入一个更加深入的层次。与快速思考和深入思考相似，联结也分为快速思考联结和深入思考联结。我们应该教授学生使用同样的语言来区分有效思考和非有效思考，这有助于增强学生的阅读意识，使他们更清楚地意识到，他们仍需努力以做到对文本不同层次的理解。

学生仅仅进行联结或提出问题是远远不够的，他们必须进行更深层次的思考。

> 今天的新知识就是明天的背景知识。
> ——大卫·皮尔森

背景知识和经历的缺乏对学生的学习和理解具有巨大影响。我不止一次听到教师提到，如果学生缺乏背景知识，阅读分数会很糟糕。因为学生缺乏经历，他们便无法进行有效联结。教师不应该因为学生背景知识和经历的缺乏而责怪他们——这不正是因为他们花了大把时间在学校读书吗？教育的目的就是学习和构建知识。

一、将联结带回文本

在过去的几年中，我有幸看到许多教师在不同的课堂教学中教授阅读力。我走访了一些课堂，在这些课堂中，教师将思考的语言整合到阅读和学习的所有方面中。我目睹学生从进行快速、表面的联结（“这使我想到我的狗！我的狗也有棕色的皮毛！”）升级到深入思考的联结（“这使我回想起一次相似感觉的经历：当我的狗没有回家时，我十分着急，以为它永远消失了。”）

在一次二年级课堂教学上，我与一位教师合作，共同帮助孩子们进行深入思考联结。一天，她为学生的进步感到十分骄傲，而我坐在那里，聆听学生们进行深入思考联结。学生们分享所有深入思考联结后，课程结束，那位教师骄傲地看着我，说道：“他们是不是做得很好？”但是我认为事实并非如此。虽然学生们进行了更深入的联结，但是，大家遗漏了一个极为重要的部分。

进行联结的目的不是谈论与自己有关的事物，而是帮助阅读者更好地理解故事或文本。因此，发现联结的方法仅仅是第一步；第二步，说出这些联结如何帮助你更好地理解这个故事。不幸的是，这些学生却做不到这一步：他们虽然能够分享自己的故事，却没有将联结带回自己正在阅读的故事。直到这时，我才知道，我们遗漏了联结能力中最本质的部分——将联结带回文本。

在接下来的一周，当我返回课堂时，我随身携带一个塑料婴儿围兜。我在围兜上写下字母BIBB（Bring It Back to the Book）——将联结带回文本。我向全班说明：

上一周的课堂上，我听到你们所有人都针对教师阅读的书籍进行了惊人的联结。但是今天，我将要教授你们一个与联结有关的重要步骤，这个步骤发生在找到联结之后。

然后，我需要进而示范：我们进行联结的原因不在于谈论我们自己，而在于帮助我们更好地理解正在阅读的文本。我阅读的故事是汤米·狄波拉（Tomie de Paola）的《楼上的外婆和楼下的外婆》（*Nana Upstairs, Nana Downstairs*），在这个故事中，小男孩与楼上的一个外婆和楼下另一个外婆共同生活在一栋房子里。在故事中，一个外婆去世了。这是一个有关悲伤、失去和感激生命的故事。

这个故事使我想起我的外婆。在我很小的时候，外婆和我们一起生活。记得有一天，我从学校回家后，妈妈告诉我外婆摔倒了，现在在医院。我记得当时我感到十分害怕、十分担心，我害怕外婆再也不会回家了。

（我系上自己的塑料婴儿围兜。当然，孩子们开始大笑起来。）

这是我的BIBB。BIBB代表将联结带回文本。当我们进行联结时，我们需要记得联结如何通过回归文本来帮助自己更好地理解故事，这一点十分重要。对外婆的联想有助于我更好地理解故事，因为现在我知道了故事中的小男孩对于失去外婆的悲伤之情。因为当我的外婆生病时，我体会着同样的感受，所以我能体会他的感觉。

塑料婴儿围兜对于中级班级可能有些幼稚。一位教师建议本次课程使用运动背心（围巾），不使用塑料婴儿围兜。

与我教授的所有新知识相同，我需要对BIBB进行示范，并与学生进行实践练习，这样，学生才能掌握这个新的技巧。塑料婴儿围兜是提醒学生联结目的的一个方法。只要学生运用联结对BIBB进行实践练习，BIBB就可以被应用到其他阅读力策略中。

二、介绍联结策略

针对本次课程，你将需要：
- 一本书
- 知识读物阅读力模型（参见第33页）

与任何阅读力策略相同，在课程一开始介绍策略概念十分重要。大多数学生能够很快学习在阅读文本段落时说出“这使我想到……”但是在这里面，他们通常仅限于能够说出这些词，却无法真正地深入思考。我们需要花费一些时间讲解联结的概念，这是对联结能力十分有价值的介绍——我们需要讲解我们为什么联结、我们到哪里寻找我们的联结和这些联结如何帮助我们理解文本。

· 开始课程：

今天我们将要开始学习一种新的知识读物阅读力——与文本建立联结的技巧。

（将联结拼图板块填入知识读物阅读力模型的头部。）

你们中的许多人已经学习过如何在阅读小说和故事时进行联结。但是，我们需要在今天花费一些时间思考进行联结的真正含义：我们的联结从哪里来和我们进行联结的原因。

我需要每个人用你们一只手上的手指和拇指做出一个圆圈。现在，用你另一只手上的手指和拇指做出另一个圆圈。数到三时，我需要每个人按照你喜欢的任何方式将两个圆圈连接在一起。你这样做的时候，不要偷看你的同桌。现在，想一想你可以怎样连接这两个圆圈。一、二、三……连接圆圈。

· 要求学生与同伴分享他们的手指连接。

· 要求表现积极的学生举起他们的手指连接，并解释他们连接圆圈的方式。

当我们所有人将圆圈连接时，你们注意到了什么现象？（它们之间有所不同。）即使我们在做同样的事情，我们中的许多人都能够找到连接圆圈的不同方式。

· 询问学生与联结意义相近的词：连接、链接、将……放在一起、使……融合。
· 提醒学生：进行联结的方式不止一种。找到有助于你理解你所阅读的文本的联结方式十分重要。
· 举起书，从圆圈展示过渡到阅读。

今天我们将要讨论与文本建立联结。这是一本书，我假设我的一个圆圈是这本书。向我展示——另外一个圆圈在哪儿？用身体的一部分向我展示。

（学生们将他们的手指圆圈放在额头前，这表示他们在大脑内部找到了联结。）

我知道你们正在指向自己的头部……你们能够告诉我更多信息吗？你们的大脑内部包含什么内容？（记忆、经历、想象、思想、观点、信息、知识）

因此，我的大脑十分惊人。从你们告诉我的信息中，我知道大脑基本包容了我的整个人生——事实上，大脑的体积并没有那么大。

让我们暂且假设我们的大脑没有储存记忆能力，我们不得不将一切信息记录在纸张上。我们拥有的每段经历将向我们的生活故事“添加另一个篇章”，记录下来的所有生活经历将组成一本书。思考你的书会有多厚，用你们的手向我展示。我的书会有多厚？你的祖母或祖父的书会有多厚？幼儿园儿童的书会有多厚？七年级学生的书会有多厚？刚刚出生的婴儿的书会很薄。但是，新生儿生活故事的伟大之处在于不断积累——这也是每个人生活故事的伟大之处。你做的每件事和你学习的每项知识都会向你的生活故事增添内容。生活故事中的每个篇章都是开心的吗？不是，我认为每个人都拥有一些悲伤的章节、一些令人兴奋的章节和一些冒险章节。每个人都拥有相同的生活故事吗？当然不是。因为我们都有所不同，我们有着不同的生活和不同的生活故事。

一些学生可能已经熟悉“建立联结”的概念。如果的确是这样，你的介绍可以缩短。但是，提醒学生：联结建立的方式不仅有助于促进概念的强化，也有助于学生对概念的理解。

但是，我们不需要在纸张上书写我们的生活，这是一个好消息，因为我们惊人的大脑将我们所有的故事和知识都包容在其中。这里就是我们找到自己所有联结的地方。如果你能够与大脑中现存的内容建立联结，这会对你理解你所阅读的文本有所帮助。

三、联结参考书目

根据你所教授年级的不同，一些主题领域尤其适合学生进行联结。我强烈建议你将本策略整合到内容教授过程中。（参见第39—72页不同主题的阅读参考书目）

展示多样性

Anne Claybourne, *Usborne Book of Peoples of the World*（I）
安娜·克莱包恩，《奥斯本世界人民书刊》
Beatrice Hollyer, *Wake Up World! A Day in the Life of Children Around the World*（I）
比阿特丽斯·霍莉尔，《唤醒世界！全世界的孩子的一天》
Bobbie Kalman, *Canada From A-Z*（I）
波比·卡尔曼，《加拿大A-Z》

家庭/社区

Paulette Bourgeois, *In My Neighbourhood series*（P）
波莱特·布尔乔亚，《我的邻居系列丛书》
Bobbie Kalman, *What is a Community A-Z*（P）
波比·卡尔曼，《社区是什么A-Z》
Barbara Kerley, *You and Me Together: Moms, Dads and Kids Around the World*（P）
芭芭拉·科雷，《你们和我在一起：全世界的妈妈，爸爸和孩子们》
Joan Sweeny, *Me and My Family Tree*（P）
琼·斯威尼，《我和我的家谱》
Aliki, *My Five Senses*（P）
阿丽奇，《我的五种感觉》
Brigid Avison, *I Wonder Why I Blink: And other Questions About My Body*（I）
布里吉特·埃文森，《我想知道我为什么眨眼睛：和其他关于我身体的问题》

Bobbie Kalman, *I Am A Living Thing*（P）
波比·卡尔曼,《我是一个活物》
Diane Swanson and Trudee Romanek, *Mysterious You*（I）
黛安·斯旺森、特鲁迪·罗曼内克,《神秘的你》
Joan Sweeny, Me and My Amazing Body（P）
琼·斯威尼,《我和我神奇的身体》

季节

Grace Lin, *Our Seasons*（P）
格蕾斯·林,《我们的季节》
Claire Llewellyn, *Paint a Sun in the Sky: A First Look at Seasons*（P）
克莱尔·卢埃林,《画一轮太阳在天空：季节初探》
Anne Rockwell, *Four Seasons Make a Year*（P）
安妮·罗克韦尔,《四季成一年》

天气

David Suzuki, *Looking At Weather*（I）
大卫·铃木,《观察天气》
Neil Waldman, *Snowflake: A Water Cycle Story*（I）
尼尔·瓦尔德曼,《雪花：水循环的故事》
Valerie Wyatt, *Weather FAQ's*（Frequently Asked Questions）（I）
瓦莱丽·怀亚特,《常见天气问题问答》（常见问题）

四、学习联结策略

1.第一课：利用已知形成联结

针对本次课程，你将需要：

- 一个空白文件夹
- 示范利用已知形成联结放大版图表（参见第178页）
- 一篇短篇知识类读物文章或书的一部分：例如，套书系列《奇异的蜘蛛》（*Unusual Spiders*）中的“狼蛛”

与文学作品建立联结和与知识读物建立联结之间的主要区别之一在于来源的不同，也就是联结起源的不同。与文学作品建立联结时，阅读者通常与个人经历建立联结——阅读者找到生活故事中的对应篇章——来帮助自己理解文本。与知识读物建立联结时，虽然有明显的个人联结，但是相比之下，这类联结往往不是十分显著。与我们从未有过的经历建立个人经历联结十分困难。但是，我们仍然能够建立联结，因为我们可能阅读过其他与主题相关的书籍、观赏过与主题相关的影像、查看过与主题相关的照片等。我们可以与背景知识建立联结。与寻找生活故事篇章不同，这个过程好比寻找与之对应的文件夹，文件夹中装满了文章、图像和简报等内容。与已知信息建立联结有助于阅读者打下坚实的基础，帮助阅读者开阔视野、学习新内容，使“已知”知识成为“新”知识。

熟知的领域为不熟悉的文本奠定基础。

· 开始课程：

今天，我们将要以阅读者的身份讨论建立联结。谁能告诉我什么叫作与文本建立联结？你们当中许多人已经学习如何与故事或文学作品建立联结。与之相比，与知识读物或信息类文本建立联结可能有些困难。与文学作品建立联结时，我们通常寻找能够与自己个人经历建立联结的信息。

阅读知识读物则没有那么简单，因为我们通常可能会阅读到自己没有真正经历过的信息，例如，我可能会阅读与火星相关的信息，但是我从未去过火星。然而，当我们阅读信息时，我们有时会与已知的信息、与书籍中过去有所听闻的信息建立联结。我们将这个过程称为“与背景知识建立联结”。我喜欢将我的背景知识视为一个文件夹，文件夹中装满了我已经储存在大脑中的事实。

（举起文件夹。）

我们讲到你的大脑能够容纳生活故事的“篇章”，你的大脑也能够容纳充满已知信息的“文件夹”。我们在自己的文件夹中存储的事实，可以帮助我们学习更多知识，并不断向我们的文件夹增添新的信息。我们总是能够更新文件夹中的信息，而文件夹中的某个信息有时可能是错误的。所以，在阅读过程中，我们能够删除或更改信息。

今天，我们将要学习一种新策略，它叫作已知—新建联结。

· 在黑板或识字卡上写出这些词语。讨论已知和新建这两个词之间的区别。

· 介绍你将要阅读的文本。

· 要求学生在大脑中找到有关狼蛛的文件，并将文件抽出。

· 引导学生与同伴分享他们文件夹中的已知信息。

· 用你文件夹中的内容做示范：

> 我有一个与狼蛛有关的文件夹，这个文件夹并不怎么厚。我知道这是一种蜘蛛，它们体形非常大，外表可怕，而且有毒，但是我不确定它们对人类是否有毒性。这样一来，我也许可以在阅读过程中更新我的文件。我还知道一些人喜欢它们，甚至将它们作为宠物饲养。

> 我在这些课程中注意到，孩子们总是大声并自豪地说道："我知道这一点！"我最初的内心反应是："不，你并不知道。你不可能知道这一点！"但是，反思过后，我得出一个结论：学生是否说真话并不重要。课程的目的在于获得对背景知识的意识和理解以及我们构建背景知识的方式。无论事实被记录在图表的哪一栏——新建一侧或已知一栏，它们最终总会成为"现在我终于知道"的事实。

· 向学生说明，你将开始缓慢地朗读，一次仅朗读一句话。你将在每句话之后确定你刚刚阅读的信息属于新建信息或已知信息。

· 朗读并详细讨论文本。在放大的已知—新建联结图表中记录你的回答。

> "狼蛛是最大的蜘蛛。"现在，我正在思考：我的确知道狼蛛体形十分大，但是我并不知道它们是世界上最大的蜘蛛。所以，我将要把这个事实记录在新建信息一栏。

· 继续朗读，说出你所思考的内容，在已知—新建联结图表中记录信息。

· 结束课程：

> 今天，我们一直在学习背景知识，以及背景知识如何帮助我们寻

找我们能够向自己大脑中的文件夹增添的新信息。我在这里记录了自己对狼蛛的已知事实，同时，我在这里记录了我从阅读本书的过程中学到的许多新建信息。我需要你们进行思考——现在，所有这些信息发生了怎样的变化？请转过身，与你的伙伴就此进行讨论。

我认为，现在我已经将所有这些信息添加到了我的文件夹中，可以将它们储存在我的大脑深处。下一次，当我阅读有关狼蛛的书时，我可以进行更多联结，因为我的文件夹已经变得十分厚重。

已知—新建联结：教师针对《奇异的蜘蛛》写出的范例。

姓名：________

已知—新建联结

题目：奇异的蜘蛛

主题：狼蛛

已知信息	这对我来说是新建信息
· 多茸的 · 宠物 · 注射毒液	· 体形最大的蜘蛛 · 安静的 · 10—25厘米长（肢体伸展） · 雌性3.5年 雄性5—7年 · 生活在地洞中 · 对人类没有毒性

↖现在我终于知道↗

2. 第二课：实践练习

针对本次课程，你将需要：
- 符合或低于学生阅读水平的知识读物

每个学生将需要：
- 已知—新建联结图表（参见本页）
- 四张便利贴（每两张为一种颜色的便利贴效果最好）

本次温习课程给予学生独立进行已知—新建联结实践练习的机会。

- 要求每位学生准备自己的便利贴，其中两张标明已知，另外两张标明新建。有需要时，学生要将这些便利贴粘贴在他们的桌面上。
- 每个学生选择一本书进行阅读。
- 要求学生浏览他们选择的书，并通过目录找到他们感兴趣阅读的片段或短篇章节。
- 两个学生分成一组。每个学生与同伴讨论他们将要阅读的内容以及他们已经在各自的文件夹中储存的事实。

- 引导学生开始独立阅读，学生要注意自己的思考。
- 学生使用便利贴在每个句子或段落之后为已知事实或新建事实做标记，这样，学生既可以在便利贴上记录事实，又可以在页面上标识位置。
- 一旦学生完成文本段落阅读，将四张便利贴粘贴在文本的特定位置，学生们可以开始分享他们的新建信息和已知信息。
- 学生们在讨论之后撕下便利贴，将便利贴粘贴在已知—新建联结图表中。学生们回答图表底部的问题。

或

- 要求学生在讨论之后创建现在已知图表，学生们在图表中画出主题的草图，并用他们现在已经知道的信息做标记。

针对本次课程，你将需要：

- 一本知识读物：例如，《一只小海龟》(*One Tiny Turtle*)，作者：尼古拉·戴维斯(Nicola Davies)；《我们的季节》(*Our Seasons*)，作者：格蕾丝·林(Grace Lin)和韩妮达·麦克尼莱(Ranida McKneally)；《关于夜间动物最好的书籍》(*The Best Book of Nighttime Animals*)，作者：贝琳达·韦伯(Belinda Weber)
- 提前准备一张书中某个图像的草图

3.第三课：画草图联结

这个简单、有效的策略修改自《在受教育的地方取得进步》(*Moving Up with Literacy Place*)，它运用素描作为出发点，使学生发现能够与他们正在阅读的信息建立联结的信息。本书提供了两种不同的可复制图表（参见第179页和180页），学生们可以选择最适合自己的图表。与往常相同，教师做示范是教授学生策略的最有效方法。

· 开始课程：

我们一直在讨论如何在阅读过程中建立联结、联结如何帮助我们更好地理解信息。这些联结有时可能属于个人经历，是过去真正发生在我们身边的事情。这些联结有时也可能属于背景知识，是我们对主题已经了解的知识。今天，我们将使用素描作为帮助我们思考联结的一种方式。我们将阅读一本书，书名为《一只小海龟》，作者是尼古拉·戴维斯。这是一本有关红海龟的书,它是一个特殊的海龟种类。你们会发现，我已经在记录纸上画出了一只这种海龟的草图。在我的阅读过程中，我将给草图画出线段，在线段另一端添加我的联结。我将会设法确定我的联结能够帮助我更好地理解信息。

草图联结：教师根据尼古拉·戴维斯的《一只小海龟》进行示范，做出样本。

· 开始阅读并向你的草图添加联结。大家最好在课程之前预读文本，这有助于你们确定自己在大声朗读的过程中将要添加的具体联结。

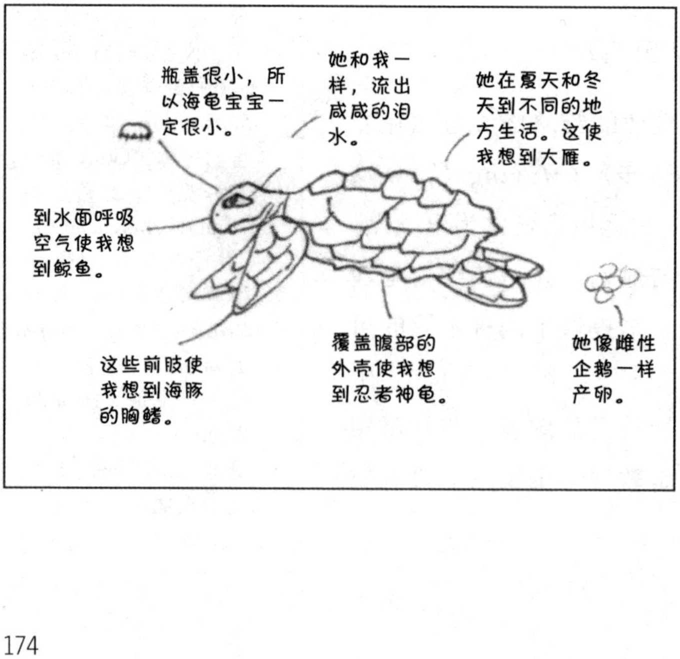

注意，五种至七种联结比较适合大声朗读。虽然TMNT（忍者神龟）的联想与文本并不相关，但是我将这个联想包含在内，目的在于区分快速思考联结和深入思考联结。

· 结束课程：

在今天的阅读过程中，我一直在关注自己针对赤蠵龟与本书有关的内容进行的联结。在开始阅读之前，我并不十分了解这些海龟，草图联结帮助我更好地理解信息。但是，我在想：我今天进行的所有联结是否能够真正地帮助我理解和学习有关这些海龟的知识。

是否有人发现其中一个联结也许无法对我的理解起到实质的帮助作用？我认为你们是正确的——思考忍者神龟并不能够真正地帮助我加深对红海龟的理解。因此，我将设法远离这种联结，我也希望你们设法远离这种联结。记住，积极的阅读者会建立有助于他们更好地理解文本的联结。

> 针对本次课程，每个学生将需要：
> - 草图联结1图表（参见第179页）或草图联结2图表（参见第180页）
> - 选择符合或低于学生阅读水平的文本

4. 第四课：实践练习

· 要求学生选择一本与他们所选主题相关的书。

· 学生们在草图联结1图表中画出与主题相关的一张草图或素描。他们一边阅读一边向草图添加线段，以记录他们的联结。

或

· 学生们填写草图联结2图表，画出并写下与书籍有关的事实并建立联结。

· 学生们与同伴分享他们的联结。

> 针对本次课程，你将需要：
> - 选择知识读物的一篇小短文，大开本书籍效果更好
> - 便利贴
>
> 每个学生将需要：
> - 一张便利贴或谈论和思考气泡模板（参见第75页）（备选）

5. 第五课：扩展联结

扩展联结有助于巩固阅读者对建立联结的理解。它也能够使学生找到联结的来源，而不仅限于个人经历。因为知识读物通常可能建立在我们并不具有的个人经历内容之上，所以，向学生介绍与信息建立联结的不

同方法十分重要。你做出的示范能够让学生了解联结看起来、听起来是什么样子，课程的引导性实践部分可以紧随示范，也可以在第二天继续进行。

· 开始课程：

> 如果学生建立的联结缺乏深度，你需要询问自己：那个联结是否促进了学生对文本的理解？如果回答是否定的，那么，学生需要你去帮助他们找到与主题或文本语境更加紧密联系的联结。

与知识读物建立联结，有助于阅读者找出其含义并理解其内容。如果我们能够找到头脑内部的现存信息，它就能够帮助我们更好地理解主题。今天，我们将要大声朗读选自________________这本书的一个段落。在阅读过程中，我将思考本书中的哪些内容能够使我想到我过去的经历、我的现存知识或在其他书或电影中看到过的内容。以下是一些代码，我将在今天的思考联结中使用这些代码。

（在记录纸或黑板上写出代码。）

T-S　Text-to-Self表示与个人经历建立联结

T-T　Text-to-Text表示与其他书、电影或文本来源建立联结

T-W　Text-to-World表示与我的背景知识中对世界的已知信息建立联结

· 开始大声朗读/有声思维，建立联结时可以做有规律的停顿。
· 仔细讨论文本，使用便利贴记录你的联结，使用代码为你的回答编码。
· 如果你将在第二天继续该门课程，你就要提醒学生，与知识读物建立联结的不同方式：Text-to-Self、Text-to-Text和Text-to-World。复习建立联结的目的：以帮助阅读者更好地理解文本。

建立联结时……

· 我的联结与主题相关吗？

- 我的联结是否帮助我更好地理解这些信息？
- 我的联结与个人经历相关，或是与其他书相关，或是与我对世界的已知信息相关？

- 选择一本能够引导学生进行许多联结的知识读物。建议主题有：家庭、社区、动物、院子里的昆虫和天气。
- 朗读与学生分享一页或两页文本的内容。要求学生倾听信息并在文本中找出他们建立两项的位置。
- 重新阅读文本，要求学生在文本中他们“思维最活跃”的位置粘贴便利贴。

或

- 要求学生转过身与同伴分享他们的联结，相互告知他们建立的联结种类：T-S、T-T或T-W。
- 引导学生分享他们的联结并在记录纸上做记录，在联结的一侧标识代码。

6.第六课：实践练习

针对本次课程，每个学生将需要：

- 选择符合或低于自己阅读水平的书
- 三张便利贴
- 三种联结图表（参见第181页）

- 学生们选择自己的书。
- 要求学生准备便利贴，并在便利贴上标识T-S、T-T和T-W。
- 根据年级水平和文本长度，引导学生阅读整篇文本或选择一个部分或章节进行阅读。
- 学生们在阅读过程中使用便利贴标记自己的联结。
- 学生们使用三种联结图表记录自己的联结。

利用已知形成联结

姓名：________________________ 日期：__________

题目：________________________ 主题：__________

我已经知道这个信息	这对我来说是新建信息

解释现在这些新建信息和已知信息发生了哪些变化：

草图联结1

姓名：______________________ 日期：__________

与已知信息建立联结能够帮助你更好地理解信息。画出书中一个图像的草图，从你的草图中画出线段并添加联结。

草图联结2

姓名：________________ 日期：________

画出书中图像的草图，写出书中一个事实。 ________________ ________________ ________________	画出并写出你的联结。 这使我想到________ ________________ ________________
画出书中图像的草图，写出书中一个事实。 ________________ ________________ ________________	画出并写出你的联结。 这使我想到________ ________________ ________________

三种联结

姓名:______________________　　日期:__________

来自文本的事实/照片	与个人经历建立联结
T-S	
来自文本的事实/照片	与其他书、电影或文本来源等建立联结
T-T	
来自文本的事实/照片	与对世界的已知信息建立联结
T-W	

第七章 转化

> 想要在我们的识字学习和生活中构建意义，无论是何种意义，我们都必须在自己面对的大量信息中挑选和消减细节。我们必须对学习的知识和对生活中关键时刻的定义进行重新组织，并构建我们自己的解释。
>
> ——基恩 & 齐默曼

转化策略来源于综合。这是我教授的最后一种策略，对我来说，这才真正是所有其他策略结合在一起的成果。综合将所有等级的意识和理解结合在一起——它是对文本的总结与阅读者的联结、提问和推测结合在一起而形成的新观点。如果摘要是对某人观点的复述，那么，综合就是对自己的“反思”。这是那个“啊哈”时刻。在这个时刻，文本信息与你思维中的信息融合在一起，思想或得到启发，或产生思想结晶。我认为，转化是理解的终曲，是对思考的礼赞。阅读的最后阶段使我们的思想发生某种方式的改变或转变。

> “转化”这个词来源于综合策略。我将这种能力的名称修改为转化，因为我相信孩子们对这个词更加熟悉。

综合是颇具挑战性的策略，我一直在反思和修改我对综合的教学方法。我相信，如果学生已经学习过之前的策略，并已经培养出一种在阅读过程中不断思考的意识。那么，他们就能够自然地向顿悟过渡（参见185页的综合示意图）。教学重点是概念的定义，教师也应该在教授转化的方法之前，教授转化的定义。

找到摘要和综合的区别是帮助我理解这种策略复杂性的第一步。

摘要 vs 综合

摘要	综合
·“二维”阅读：文本 + 阅读者	·“三维”阅读：文本 + 阅读者的思考 = 新思想
· 摘要将文本事实篇幅缩小	· 文本事实在综合的基础上扩充
· 没有额外信息输入	· 包括见解、思想和观点
· 一种对文本的复述	· 一种对文本的反思

一、介绍转化策略

> 评估性理解是理解的一个重要分支，我们往往在知识读物教学中忽视这种理解，因为我们的关注点在于，要求孩子们简单地陈述事实……实质上，评估性理解要求阅读者既使用字面理解又使用阐释性理解，以促进更加复杂的思考。
>
> ——托尼·斯特德

我教授过许多与转化能力相关的不同“概念”课程。我喜欢使用具体的例子帮助学生更好地理解概念。我尝试使用具有相同词根的词语，例如“synthesizer”（合成物）或“synthetic fabric”（合成纤维），然后进而举例，例如拼图游戏或烘焙，用它们做例子，来说明我们将事物“组合在一起”来创造新事物的方法。但是，有些方面并不尽如人意。这两个例子都具有已知结果，这是一种我们期望的结果。因此，与结果是新鲜事物相同，过程中必定只存在一种方法，这种方法可能是正确的，也可能是错误的。

另外一个使我无法释怀的问题是“新”这个字。我曾经听说：一个天才在一生中仅仅能够平均想出三十一个新观点。如果确有其事，我们对学生的指导就是不现实的，因为学生不可能在每次阅读时都提出一种“新”的思想或观点。我当然无法在每次阅读后都得到新的观点，我又

> 参考转化参考书目，其中包含为教师示范和引导性实践的推荐书目。

如何期待学生达到那样的阅读效果？我需要改善我对概念的定义，因为我不想使学生不知所措，也不想为学生呈现不现实的信息，这些信息对于他们的理解和成功毫无益处。

教授知识读物阅读中的转化能力时，我的新方法是：新观点并不需要是其他人在过去从未想到的观点。我更倾向于将其视为一种新视角或观察事物的新方式。这种观点可能在你阅读文本之前已经存在于你的脑海中，但是现在，你重新审视、重新评估或重新安排这种观点，这样，你才得以从一个不同的角度或不同的视角对其进行观察。

我使用“减排/循环利用/回收”来做比喻，虽然它们是许多环境类书的主题，但是我将它们应用在转化策略的教学中。这并不是新“信息”：孩子们在过去已经通过各种渠道听说过这些主题。综合的过程或转变了的思维表示：即使某种观点在你阅读之前已经存在于你的脑海中，这种观点也会以一种略微不同的方式渗透到你的思维当中。现在，你也许已经对循环利用和环境持有不同观点，它们甚至可能已经改变了你的行为和思维的深度。

- 开始课程：

> 针对本次课程，你将需要：
> - 知识读物阅读力模型（参见第33页）
> - 4—6个塑料三明治袋
> - 乐高玩具块：每个袋子装入同等数量和同等大小的玩具块
> - 一个变形金刚玩具人物

今天，我们将要学习最后一种知识读物阅读力或思考技巧，我们将其称为转化。

（将转化拼图板块填入知识读物阅读力模型的头部。）

我将转化视为对我们一直以来学习的思考知识的整合。它是对所有思考下知识的整体应用。是否有人曾经见过变形金刚？

（举起玩具人物。）

谁能告诉我它是什么？（将玩具从一种形状转

变成另一种形状。）这与你在阅读过程中的思考略微相似。每个人的头脑中都包含已经储存的思想和观点。阅读过程中，书中的观点有时与你头脑中的观点混合在一起，这有时会以某种方式改变你的思维。

如果你仅仅移动变形金刚的几个小块，它会发生怎样的变化？（它并不会发生彻底的改变。）这也与你的思维略微相似。有时，我们会在阅读过程中学到新的知识，这与移动几小块相似。但是有时，这些事实会与我们自己的观点混合在一起，所有小块开始在周围移动——于是，我们的思维也发生变化。

几年前，我阅读的一本书完全改变了我对阅读的观点。我过去曾经认为：在阅读过程中，你需要的所有信息都位于你所阅读的内容当中，信息和所有问题的答案就存在于文本当中。但是，现在我明白，文本只占据阅读的一半。

阅读的另一半是你的思考。文本与思考放在一起才是阅读。

（在黑板上画出示意图。）

文本 + 思考 = 阅读

- 给每个小组分发一个乐高玩具袋，引导学生使用袋子中的所有玩具块组装模型。最多给学生留出五分钟。
- 要求学生到其他小组参观其他模型构造。

你注意到这些构造有哪些特点？（即使每个人使用的是相同的玩具块，但是形成的每个构造都不尽相同。）

- 要求学生拆开模型，然后用这些玩具块组装其他造型。

你们注意到哪些变化？（这一次模型的构造与第一次的构造不同，每种构造也不尽相同。）

· 结束课程：

我需要你们利用乐高玩具块来体会转化的含义。每个人都拥有相同的玩具块，但是每个小组组装出的却是不同的结构。你也可以使用同样的玩具块组装出新的模型。阅读有时能够重组你的思维，就好比你可以重新组装你的玩具块一样。当你重组你的思维时，你有时会得到一种不同的思维结构或一种观察事物的不同方式。文本的确能够达到如此强有力的效果——它能够改变你对事物的思维方式。今天，虽然每个人都拥有相同的玩具块，但是，你们都以不同的方式对这些玩具块进行组装，形成了不同的构造。这与阅读有些相似——几个人可能在阅读相同的文本段落，但是，每个人的思想却发生了不同的转变。

记住：并不是所有文本都能引发这种思维转变。我阅读过许多书，即使我十分喜欢一本书，这本书却可能无法改变我对某种事物的看法。但是，有些时候，文本中的内容与我头脑中的内容相互融合，就一下能让我感到：哇！我过去从未有过这样的想法。最重要的是，你要意识到文本具有改变思维方式的可能性。

> 劳拉·瓦卡罗·希格（Laura Vaccaro Seeger）的《先有蛋》（*First the Egg*）是我在介绍转化策略时使用的图画书。简单的文本和插图为阅读者提供许多本质上发生转变的例子——从鸡蛋到小鸡，从毛毛虫到蝴蝶，从蝌蚪到青蛙。

二、转化策略参考书目

Jeannie Baker, *Where the Forest Meets the Sea*（P）
珍妮·贝克，《森林在哪里与海洋相会》
Lynne Cherry, *The Great Kapok Tree*（P, I）
琳恩·彻丽，《大木棉树》
Nicola Davies, *Ice Bear: In the Steps of the Polar Bear*（P, I）
尼古拉·戴维斯，《冰熊：跟随北极熊》
David Dobson, *Can We Save Them? Endangered Species of North America*（I）
大卫·多布森，《我们可以拯救它们吗？北美濒危物种》
Denise Fleming, *Where Once There Was A Wood*（P）
丹尼斯·弗莱明，《那儿曾经有片森林》
Linda Glaser, *Our Home*（P）
琳达·格拉泽，《我们的家》
Steve Jenkins, *Our Home*（P）
史蒂夫·詹金斯，《我们的家》
Steve Jenkins, Actual Size（P, I）
史蒂夫·詹金斯，《实际尺寸》

Steve Jenkins, *Almost Gone*（P, I）
史蒂夫·詹金斯,《几乎消失》
Steve Jenkins, *Animals in Flight*（P, I）
史蒂夫·詹金斯,《飞行中的动物》
Steve Jenkins, *Biggest, Fastest, Strongest*
史蒂夫·詹金斯,《最大的、最快的、最强的》
Steve Jenkins, *Hottest, Coldest, Highest, Deepest*（P, I）
史蒂夫·詹金斯,《最热的、最冷的、最高的、最深的》
Steve Jenkins, *I See A Kookaburra*（P, I）
史蒂夫·詹金斯,《我看见一只笑翠鸟》
Steve Jenkins, *On Top of the World*（P, I）
史蒂夫·詹金斯,《世界之巅》
Steve Jenkins, *Slap, Squeak and Scatter: How Animals Communicate*（P, I）
史蒂夫·詹金斯,《拍击声，吱吱声和分散声：动物如何交流》
Steve Jenkins, *What Do You Do When Someone Wants to Eat You?*（P, I）
史蒂夫·詹金斯,《当你要被吃掉时》
Katharine Kenah, *The Bizarre Body*（P）
凯瑟琳·基纳,《奇特的身体》
Katharine Kenah, *Space Mysteries*（P）
凯瑟琳·基纳,《太空奥秘》
Katharine Kenah, *Weird and Wacky Plants*（P）
凯瑟琳·基纳,《奇奇怪怪的植物》
Kingfisher, *I Wonder Why There's a Hole in the Sky and Other Questions About the Environment*（P）
翠鸟出版社,《我想知道天空为何有一个洞及其他关于环境的问题》
Kingfisher, *I Wonder Why Spiders Spin Webs - and other questions about creepy crawlies*（P）
翠鸟出版社,《我想知道蜘蛛为什么结网及其他关于恐怖小爬虫的问题》
Kingfisher, *I Wonder Why the DoDo is Dead - and other questions about animals in danger*（P）
翠鸟出版社,《我想知道渡渡鸟为什么灭亡及其他关于濒危动物的问题》
Barbara Kerley, *A Cool Drink of Water*（P）
芭芭拉·科里,《透心凉》
Barbara Kerley, *A Little Peace*（P）
芭芭拉·科里,《宁静的和平》
Barbara Barbieri McGrath, *The Storm: Students of Biloxi, Mississippi,Remember Hurricane Katrina*（I）
芭芭拉·巴比里·麦格拉思,《风暴：比洛克西的学生，密西西比河，回忆卡特里娜飓风》
Peter Menzel, *Material World: A Global Family Portrait*（I）
皮特·门泽尔,《物质世界：世界全家福》
Claire A. Nivola, *Planting the Trees of Kenya: The Story of Wangari Maathai*（P, I）
克莱尔·尼沃拉,《种植肯尼亚之树：旺加里·马塔伊的故事》
Fred Pearce, *Earth Then and Now: Amazing Images of Our Changing World*（I）
佛瑞德·皮尔斯,《地球今昔：我们变化着的地球的神奇图片》
Stephanie St. Pierre, *What the Sea Saw*（P, I）

斯蒂芬妮·圣·皮埃尔,《大海看见了啥》
Shim Schimmel, *Dear Children of the Earth*(I)
沈·斯米尔,《地球上亲爱的孩子们》
Alice Schretle, We(I)
爱丽丝·斯莱特,《我们》
Laura Vaccaro Seeger, *First The*(P)
劳拉·瓦卡罗·希格,《最先发的那个》
David J. Smith, *If the World Were a Village*(I)
大卫·史密斯,《假如地球是一个村落》
Rochelle Strauss, *One Well: The Story of Water on Earth*(I)
罗谢尔·施特劳斯,《一口井:地球上水的故事》
Rochelle Strauss, *Tree of Life: The Incredible Biodiversity of Life on Earth*(I)
罗谢尔·施特劳斯,《生命之树:地球上令人惊讶的生物多样性》
Jane Breskin Zalben, *Paths to Peace: People Who Changed the World*(I)
简·布拉斯金·扎宾,《和平之路:改变世界的人们》

三、学习转化策略

1.第一课:转变我们的思维

转化(综合)策略教授起来并不容易,这是我们不得不接受的事实。许多教师从最开始就不得不有这种顾虑。学生是否能够理解这种策略的概念和过程,其中最重要的因素是,教师在示范此策略时所选择使用的书籍。我没有选择仅仅介绍概念的书籍,而是选择能够激发阅读者显著反应的书籍,这种显著反应能够使读者获得一个全新视角。在教授和示范此策略时,史蒂夫·詹金斯是我最喜欢的知识读物作家之一。他虽然会展现简短而简单的事实,但是,他的书籍却能够同时在学生和成年人中激发巨大的反应。他也将一些明显的比较内容收罗在书中,以帮助孩子们学习有关大小、速度和深度等视角。

· 开始课程:

> 今天,我们开始学习知识读物阅读力中的转化能力,这是一种影响我们的思维、在某种程度使我们的思维进行重组的一种策略——这与重组乐高玩具块或变形金刚玩具块有所相似。

回顾过去学习的内容——当我们学习与做出总结有关的内容时，我们学习如何复述文本中的信息。但是现在，我们正在从复述过渡到思考。我们将要阅读并真正注意我们思维的变化。

今天，我将要阅读这本写满与地球有关的事实的书。我将要大声朗读其中一页。我将在图表这一栏记录书中的事实。然后，我将在图表另外一栏记录我的思考。这可能是一个联结、一个问题、一个直观图像或一种推测。

针对本次课程，你将需要：

- 在记录纸或透明胶片上放大版转变我的思维图表（参见第195页）或与知识读物互动图表（参见第196页）
- 一本知识读物，例如，《最热的、最冷的、最高的、最深的》（*Hottest, Coldest, Highest, Deepest*），《当你要被吃掉时》（*What Do You Do When Someone Wants to Eat You?*）作者：史蒂夫·詹金斯（Steve Jenkins）

每个学生将需要：

- 转变我的思维图表（参见第195页）或与知识读物互动图表（参见第196页）

- 大声朗读书中一页文本。
- 在图表一栏记录一个事实，在另一栏记录你的反应。
- 在阅读接下来的三页或四页文本时重复相同的过程。
- 告诉学生现在轮到他们进行记录。分发转变我的思维图表复印件。
- 大声朗读书中的一页文本，引导学生记录事实以及记录他们的思考。为学生的独立记录留出时间。
- 要求学生与同伴分享他们的思考。
- 再阅读一页或两页文本，要求学生进行记录和分享。
- 继续课程：

现在，我们已经阅读了与地球有关的事实，对这些知识进行了总结，并添加了我们自己的想法。我想知道阅读本书到底从某个方面为我的思维带来了怎样的变化。记住，我并不想仅仅记录我在这里学到的新事实。这与仅仅移动变形金刚玩具的少数几个玩具块相似。我想要创造出更加新颖的观点，想要移动所有玩具块，这样我才能够得到一种与地球有关的、完全新颖的视角。

有时，我喜欢揣摩书的作者，并询问自己：作者为什么希望我阅读这本书？这本书介绍了许多有关地球的事实。我们首先可以阅读这本书，然后，我会针对书中所有事实、数字和名称对你们进行测试。但是我认为史蒂夫·詹金斯书写本书的目的并不是希望我们记忆这些事实。我认为他书写本书的目的是希望我们每个人能够对有关地球的观点进行反思。我对地球的观点到底发生了怎样的变化？

> 修改本次课程以适合初级学生学习是为学生构建转化过程的一种方式。我喜欢在课程最开始使用简单的方法，集中讲解“书中事实”与“头脑中观点”之间的区别。我们应该选择充满有趣事实的、简单的知识读物，并大声朗读其中的部分文本，这更适合这门课程，也能够使全班同学惊叹于自己的学习效果。

- 引导学生在图表底部写出他们的新想法。
- 填写转变我的思维图表的示范图表，但是在学生记录完自己的内容之前不要向学生展示示范图表。
- 引导学生与同伴分享他们填写的内容，然后与全班共享。
- 展示你自己的转变我的思维图表。

- 结束课程：

知识读物阅读力中的转化能力表示运用一种新方式思考我们阅读的内容。它从书中和我们的头脑中摄取观点，然后设法找出我们应该如何将这些观点组合在一起，以改变我们观察事物的方式。

题目：《最热的、最冷的、最高的、最深的》　主题：地球事实

事实： 至今为止我了解的内容……	我的思考声音： 我的反应/回答： （我的思考、疑惑和感觉）
· 阿塔卡马沙漠—— 地球上最干燥的地方 智利 · 马里亚纳海沟 海洋的最深部分 菲律宾	· 那里十分神奇！我想知道是否有人在这片沙漠中存活下来？我无法相信四百年来那里从来没有下过雨！ · 那里十分深。人们如何知道它有多深？当我在菲律宾游泳时，我从来不知道自己正在最深的海沟附近游泳。

我的观点发生了转变： 我“阅读后的观点”——作者没有给出，但却是我正在思考的内容（这是对我来说最重要的部分，是需要“粘贴”［补充］的部分）。
最初，我认为这只是那些与事实相关的普通书中的一本。但是，在我完成本书的阅读之后，它使我思考生活中的事物，那些世界上不同寻常的事物。

题目：《当你要被吃掉时》　主题：卡梅伦 41

事实： 至今为止我了解的内容……（仅记录重要事实）	我的思考声音： 我的反应/回答： （我的思考、疑惑和感觉）
章鱼喷射墨水。	我知道这一点！（我很聪明！！） 墨水可以洗掉吗？还是会留下永久的痕迹？ 你能够使用这种墨水写字吗？ 这种墨水有气味吗？它是否会对我们造成伤害？
小丑鱼躲避在有毒的植物中。 腹纹蛇蜥是一种蜥蜴。它的尾巴可以调整速度，使自己摇摇摆摆地移动。	嗨！那是一条小丑鱼！（嗨，小丑鱼！） 它十分狡猾。 也许我会躲藏在有毒的植物中。为什么小丑鱼不会中毒？ 哇！这真让人恶心！ 它为什么被称为蛇？ 它们可以摇摆地移动多远？

综合： 我的新观点：文本中没有写出、但却是我正在思考的内容（需要“粘贴”［补充］的部分）。
我不知道动物到底有多么聪明，但是相信我，它们的确很聪明！我很好奇它们是怎么知道应该做什么的？它们做得很好，否则它们将会被吃掉。

转变我的思维模板：四年级学生针对《当你要被吃掉时》（*What Do You Do When Someone Wants to Eat You?*）记录的模板，六年级学生针对史蒂夫·詹金斯（Steve Jenkins）的《最热的、最冷的、最高的、最深的》（*Hottest, Coldest, Highest, Deepest*）记录的模板。

综合
知识读物

事实	反应
·黄蜂咀嚼食物。	·我并不知道黄蜂能够像我们一样咀嚼。
·蜜蜂的翅膀每秒钟振动200次。	·我并不知道这一点。
·昆虫的身体外部有一层骨骼。	·我认为它们长有骨头。
·世界上有900,000种昆虫。	·我想知道世界上有多少种蛇？
姓名	想得好！★

对知识读物做出反应：一年级学生针对《我想知道蜘蛛为什么会结网》（翠鸟出版社）（*I Wonder Why Spiders Spin Webs*）（Kingfisher）记录的模板。

2.第二课：思维是如何变化的

只有通过许多实践练习，学生才能意识到新思维的存在。学生们需要许多机会去综合和转化。我们应该使学生在阅读之前和阅读之后注意自己思维的变化，这是我们能够教授学生的最简单的方法之一。使用讨论动物灭绝、全球变暖和节约用水等问题的书籍（参见第186—188页转化策略参考书目）能够使阅读者学习与世界有关的新信息——这些信息针对本次课程，你将需要：

- 与某个问题相关的知识读物：适合初级学生使用的《凉爽的山泉》，作者：巴巴拉·克利（*A Cool Drink of Water,* Barbara Kerley）；适合中级学生使用的《一口井：地球上水的故事》，作者：罗谢尔·施特劳斯（*One Well: The Story of Water on Earth,* Rochelle Strauss）（初级教师可以选择与全班同学分享这两本书，并讨论信息的相似之处和不同之处。）

每个学生将需要：

我的思维如何变化（初级）图表（参见第197页）或我的思维如何变化（中级）图表（参见第198页）

针对本次课程，我推荐的两本书，它们集中讲解住房发展和砍伐对环境造成的影响：《那儿曾经有片森林》（P），作者：丹尼斯·弗莱明（*Where Once There Was a Wood,* Denise Fleming）；《大木棉树》（I），作者：琳恩·彻丽（*The Great Kapok Tree,* Lynne Cherry）。

能够继而改变我们的思维方式和行为方式。

- 开始课程：

在阅读的过程中，书中的观点和你头脑中的观点相互融合。阅读知识读物时，你能学习全新的事实和信息。这些新信息有时可以帮助你更好地理解你已经知道的信息。

新的信息有时也会以某种方式改变你，使你以一种新的方式思考问题或给予你一种新的视角。对我来说，阅读信息的最大作用不仅仅是获得许多新事实，而是我的思维因为我所阅读的内容发生改变。

今天，我们将要阅读一本与水有关的书。我需要你们所有人思考这个主题。找到你的事实文件夹和经历的篇章，判断你大脑中已经存在的信息。你知道哪些与水有关的信息？我所寻找的并不仅仅是“水是湿的”和“你可以饮用”等信息。请大家思考地球上的水资源、水供给和水对地球生命的影响。

- 引导学生找到一个伙伴，与同伴分享他们与水有关的观点。
- 分发我的思维如何变化图表，要求学生在页面的顶部记录一些有关水的观点。
- 现在要求学生思考与水有关的问题，引导学生在第二部分记录他们的问题。要求学生与同伴分享问题。
- 继续课程：

现在，我将要为你们朗读这本书。我需要你们聆听内容，注意书中的观点与你已有观点融合在一起的方式，注意你的某些观点是否在我朗读的过程中发生了变化。

· 大声朗读文本。

既然已经完成朗读文本，我需要你们问自己：“我的思维发生了怎样的变化？”你可能学到一些新的、有关水的有趣事实，但是除此之外，这本书为你的理解带来了怎样的改变？这本书是否使你对水有了不同的认识？你认为作者撰写这本书的目的是什么？

· 要求学生转过身去与同伴分享他们的观点。
· 然后要求学生在图表的最后一部分记录他们的观点。
· 结束课程：

“转过身讨论”为学生提供在落笔之前练习大声思维的实践机会以及倾听其他人观点的机会。

在阅读过程中注意自己的思考有时十分重要，因为这意味着我们并不是仅仅在阅读其他人书写的文字，我们也在向这些文字中添加自己的观点和想法。并不是所有书都能够改变你的思维方式。但是，我有时阅读的书可能与今天我们共同阅读的书有所相似：即使我们把书收起，书中的内容却仍然存在于我们的脑海中。下一次，当我为了刷牙而打开水龙头、让水不断流动时，我会想到这本书……因为现在我知道地球上的水供给并不是无穷无尽的。我可能会更加感激我所生活的环境，同时我也知道，在一些地方，人们每天不得不走很远一段路才能得到水。

需要记忆的重点是：阅读和思考相辅相成；有时，阅读也能够改变你的思维。

我的思维如何变化：针对巴巴拉·克利（Barbara Kerley）的《凉爽的山泉》（*A Cool Drink of Water*）记录的初级模板，针对罗谢尔·施特劳斯（Rochelle Strauss）的《一口井：地球上水的故事》（*One Well: The Story of Water on Earth*）记录的中级模板。

姓名：________

注意思维如何变化

题目：冷饮　　作者：________

主题：水

与水有关的观点（最初的观点）

- 从我的水龙头中流出
- 水使你生存下去
- 雨造就了水

与水有关的新观点（现在的观点）

雨水到处都有，但是有些人无法使用水龙头流出的水，所以他们得到水十分困难。

注意我的思维如何变化

题目：一口井：地球上水的故事　　作者：罗谢尔·施特劳斯

主题：水

与水有关的观点（最初的观点）：

- 水对于生物十分重要
- 人们有时浪费水
- 人们一天喝6—8杯水
- 为了省水，请关闭你的水龙头

我提出的与水有关的问题：

- 我们会将水耗尽吗？
- 我们可以喝海水吗？
- 水会有毒吗？
- 你没有水能生存多久？

与水有关的新观点（现在的观点）：

我十分惊讶地（震惊地）发现世界上许多国家和地区并没有水，有些人不得不将水桶放在头上，走上几公里的路途。为什么我们有如此多的水，而他们却没有？我们可以分享水吗？

转变我的思维

题目：______________________________　　作者：__________

摘要 文本事实	我的思考声音 我的联结、问题、推测、视觉图像、观点、反应、感觉等

我转变了的观点 我的新思维是什么？ 文本事实 + 我的思考 = 我过去从未考虑过的、现在正在思考的内容

与知识读物互动

姓名：________________________ 日期：__________

题目：________________________ 作者：__________

事实 （文本中的内容）	反应 （我头脑中的内容）

我的思维如何变化（初级）

姓名：________________ 日期：________________

题目：________________ 作者：________________

主题：________________

我最初的观点：________________

我现在的新观点：________________

我的思维如何变化（中级）

姓名：________________________　　日期：__________

题目：________________________　　作者：__________

主题：________________________

与________________________有关的观点（最初的观点）：
我提出的与________________________有关的问题：
与________________________有关的新观点（现在的观点）：

第八章　应用和评估

教学总是会结束，这是教学中最令人欣喜的事情。每年6月，我们与自己的学生和同事说再见，我们暂时休息一段时间。在这段时间内，你脑海中的所有内容仍然清晰，因此，6月的确是反思的好时机。你可以利用这段时间思考哪些方法有效，哪些方法无效，你将要在下个学年调整或增加哪些内容。相比之下，你在9月的最初几周将会十分忙碌，你无法在那时进行任何反思或计划。

一、制订学习计划

> 允许自己放慢速度，不要匆忙讲解你想要在一年内完成的所有知识。

经常有教师问我："你是如何妥当安排一切教学内容的？你如何教授所有阅读力并覆盖所有知识领域的？你是同时集中于文学作品和知识读物两者的教学吗？"现在，我相信我们应该在一学年内精讲较少的内容，这要比略讲较多的内容效果更好。

做我的学年教学计划时，我喜欢将十个教学月分为五个板块，每个板块持续两个月。这样，我能够为每个板块选择一个焦点内容，这种方式使学年计划更具有可行性。这就意味着：所有教师共同展开教学，利用两个月去教授知识读物阅读力和知识读物写作形式的范围和顺序。按照板块进行计划对我来说是一种思考方式，我用这种方式将读写能力与知识领域联系在一起，并在一学年内同时覆盖知识领域。例如，我喜欢在一学年最开始教授联结能力，因为联结能力能够帮助我了解我的学生，构建团队意识。这与教授个人叙述写作相关联，在这些课程中，学生们得到联结文本的启发，书写自己的生活篇章。我们应该将这些课程与有关社会团体的社会研究单元联系在一起，这将产生同样良好的教学效果。

花一些时间创建学年计划（参见第203页）既有助于我掌控课程，也能够在即将进行下一个知识领域教学之前，促使我圆满完成目前的知识储备。

反思与计划：

可以独立或与同年级同事共同计划和思考学年计划。

1.反思你目前的实践教学。哪些方法有效？你想要改变哪些方面？添加哪些内容？（参见第201页反思与计划图表，它可能对你有所帮助。）

2.思考你想要在阅读和写作中集中讲解的读写领域。注意要设定具有现实意义的目标——你无法教授所有内容！使用我的学年计划图表（参见第202页）来组织你的想法。

3.将你的学年分为五个板块，每个板块持续两个月（参见第203页的学年计划图表）。每个板块将包含阅读、写作、社会研究、科学、数学等焦点。

4.考虑如何安排一周时间，一周应至少安排出两段特殊的时间，用以进行具体的理解指导或阅读力提高。

5.思考你将要在一学年内完成的社会研究和科学主题。使用下面的图表将每个知识读物阅读力与一种可行的知识领域结合起来。虽

反思与计划

姓名:______________________ 日期:__________

今/去年，通过实施以下教学（例如，新的评估手段、理解指导、示范有声思维、使用评估引导我的教学、知识读物写作、引导性阅读等），我对自己的读写实践进行了积极的修改。

•

•

•

反思我的学年教学，令我感到骄傲的有：

•

•

•

我认为自己仍然需要继续改进的有：

•

•

•

展望下一学年，我想要继续沿着最有效的读写实践路线，努力将以下内容整合到我的读写项目中：

•

•

•

我最近阅读的、对我的教学产生影响的专业书籍：

•

我专业书目中的“必读”书单：

•

•

我的学年计划

姓名：________________ 日期：__________

我想要完成的内容有哪些？（集思广益）

写作

√

√

√

阅读

√

√

√

文学作品技巧	知识读物技巧

社会研究

√

√

√

科学

√

√

√

数学

√

√

√

学年计划

姓名：____________________　　　　日期：____________________

月份	阅读	写作	社会研究	科学	数学
9—10月	焦点：______	焦点：______	焦点：______	焦点：______	焦点：______
11—12月	焦点：______	焦点：______	焦点：______	焦点：______	焦点：______
1—2月	焦点：______	焦点：______	焦点：______	焦点：______	焦点：______
3—4月	焦点：______	焦点：______	焦点：______	焦点：______	焦点：______
5—6月	焦点：______	焦点：______	焦点：______	焦点：______	焦点：______

然我们的目标是学生能够使用任何阅读力去阅读任何主题领域的文本，但是，某些特定的内容主题更容易与某些特定的策略相结合。

知识读物阅读力	推荐知识领域链接
推进	生命周期、天气、植物、动物、绘图
提问/推测	动物、空间、天气、极端环境、力与运动、电
确定重点	历史、传记、人体、全球变暖、天气、空间
联结	一切与我相关的事物、家庭和社区、天气、季节、全世界的人们、文化多样性、传记
转化	环境、全球变暖、濒危动物、回收、世界公民、传记、历史

二、评估

> 评估学生理解的唯一方式是学生与我们分享他们的思考，只有这样才能得到令我们感到自信的结果。阅读者显示理解水平的方式是与文本互动，而不是在阅读与岩石和矿物质章节之后，回答一连串就字面意义提出的问题。
>
> ——哈维 & 古德维斯

与我读书的时代相比，现在的阅读指导发生了很大的变化。阅读的目标不再是“正确地说出词语”和“正确地找到答案”。现在，我们的目的是让学生能够加强理解、获得知识和构建认知。不错，这些过时的目标已经被证实为枯燥乏味的，而从某种程度来说也更容易确定：或正确说出词语，或无法正确说出词语；或得到正确答案，或无法得到正确答案。现在，评估学生的理解需要更大量的客观事实、元认知理解和时间。

如果我们为学生提出的目标是成为文本“思考者”，那么，我们很确定，学生理解的唯一方式就是学生愿意与我们分享他们的思考。我们需要有规律地对学生的思考进行评估，一年内仅进行两次短暂评估完全不够。

每学年年初收集的基准信息对于引导性指导极其重要，但是，一学年内规律的非正式评估往往是收集学生“思考旅途”的最有效方式。通过倾听学生的观点、向学生提问以及仔细观察学生与文本互动的过程，你将注意到，学生在理解文本时，能够灵活使用哪些理解策略、缺乏哪些理解策略。我们需要做学生的见证人，观察我们的学生如何能够追踪他们的思考、如何使用具体的证据展示他们的理解。这些证据以各种各样的形式出现——口头和书面形式、正式和非正式形式。

> 有效的评估可以为你和你的学生提供增强阅读理解的信息……此外，有用的评估为你提供详细、可靠的信息，以引导课堂知识和学习。
>
> ——费伊·布朗利 & 莎伦·泽罗斯基

我们能够辨别阅读者是否通过使用以下评估形式来使用理解策略。

1. 倾听应用证据

在许多不同的思考和学习领域，学生们可能不需要提示就能够开始使用“思考语言”。然而，需要谨记的是：使用语言并不够，实质性的证据才最重要。

2. 倾听“伙伴谈论”

本书中的许多课程都包括与同伴共享。学生可以参与快速或深入思考回答。教师应该在教室里四处走动，倾听这一点十分有价值，这能够帮助你确定哪些学生在深入思考方面需要更多帮助。

3. 与学生讨论

书面回答几乎无法反映学生的思考能力。个体阅读讨论仍然是确定学生理解水平的最宝贵机会。在这些一对一的对话中，学生给出的个人回答是了解学生思考的最清晰的窗口。如果在适当的场合向学生提出恰当的问题，你将会惊奇地发现，即使最被动的学生也能够畅所欲言。

4. 独立的书面评估

虽然我重视非正式对话和观察，某种形式的书面回答和基准信息收集仍显得十分必要。然而，这些书面评估应该是开放式的，应该为学生提供机会，以展示他们对策略性阅读的理解和对具体策略的使用。对于那些无法通过书面输出展示思考的学生来说，对他们进行口头评估并记录回答，这也是比较适合的方法。记住，我们评估的内容是学生的思考和理解，而不是书写。

> 有规律地进行评估十分重要，因此，我鼓励你们将评估的形式和操作区分开来。这样，可能在以书写形式表达观点方面存在困难的学生就有机会以口头的形式分享他们的思考。反之亦然。

本书提供了这些评估表格：分享你的思考表格1、表格2、表格3（参见第208页—214页）。通过这些表格，学生们得以分享他们对知识读物阅读力策略，也能够在阅读短篇文本段落时展示出对策略的应用。多重目的设计使得这些表格既能够被应用于与一个学生的单独沟通，这样，教师得以直接在表格中记录学生的回答，也能够被应用于独立的书面回答。你可以用一次对谈的时间来分享你的思考表格1、表格2。分享你的思考表格3可以用以进行整体评估，教师也可以将其分解开来，在每种策略教学之后对学生进行阶段评估。无论是观察、口头或书面评估，教师都可以从所有总体评估收集信息，然后用其评估学生的水平，引导自己的教学。（参见第215—216页知识读物阅读力评估指示。）

5. 其他理解评估参考书目

《综合理解工具箱：主动识字语言和课程》，作者：斯蒂芬妮·哈维和安妮·古德维斯（海涅曼）（*Comprehension Toolkit:Language and Lessons for Active Literacy,* by Stephanie Harvey & Anne Goudvis [Heinemann]）：教师引导、可复制的短篇知识读物段落、课程、阿肯

色州海狸湖中学；包括初级和中级工具箱。

《阅读与回答：课堂评估参考》，作者：莎伦·泽罗斯基、费伊·布朗利和琳达·卡泽尔（尼尔森）（*Reading and Responding: Evaluation Resources for Your Classroom,* by Sharon Jeroski, Faye Brownlie & Linda Kaser [Nelson]）：各年级平装活页夹；包括课程、可复制文本和评估指示。

《班级整体阅读评估》，作者：珍妮佛·加德纳和卡西·比德斯（*Whole Class Reading Assessment,* by Jennifer Gardner & Cathie Peters）：四到七年级秋季和春季评估；包括可复制段落、回答网格和评估指示。

分享你的思考1

姓名:________________　日期:________

题目:________________　作者:________

<table>
<tr><td>推进
创建一种文本特点，以展示你从本文本中学到的知识。</td><td>确定重点
这个片段的中心思想是什么？写出几个关键词，并使用关键词写出摘要。</td></tr>
<tr><td>联结
根据本篇文章，你能够做出哪些联结？根据文章内容画出草图，用你的一些联结为草图做出标识。</td><td>提问/推测
你在思考有关文章的哪些内容？写出你的问题，从文本中的信息回答这些问题或做出推测。
提问：

推测：</td></tr>
<tr><td colspan="2">转化
你的思维发生了哪些变化？你现在拥有哪些新的观点？</td></tr>
</table>

分享你的思考2

姓名：________________________ 日期：__________

在阅读之前仔细观察知识读物特点（标题、说明文字、曲线图、照片等），这些特点能够告诉你与文本有关的许多信息。

阅读前

预测：你认为这篇文章可能与哪些内容有关？

提问：你对这篇文章有哪些想法？

阅读中

联结：关于这个主题，你已经知道哪些信息？写出你可能了解的背景知识。

联结：针对这篇文章，你能够做出哪些个人联结？它是否使你想到你过去的经历？

提问：阅读过程中，你在思考哪些问题？

推测：阅读过程中添加你的思考，以“可能……”或“我认为……”开头写出陈述。

阅读后

确定重点：这篇文章的中心思想是什么？写出摘要，快速画出可能帮助你记忆重要信息的草图。

转化：与还未阅读本篇文章之前相比，你现在抱有哪些过去从未有过的观点或想法？你认为作者为什么希望你阅读本篇文章？

分享你的思考3（1）

姓名：________________ 日期：________

推进

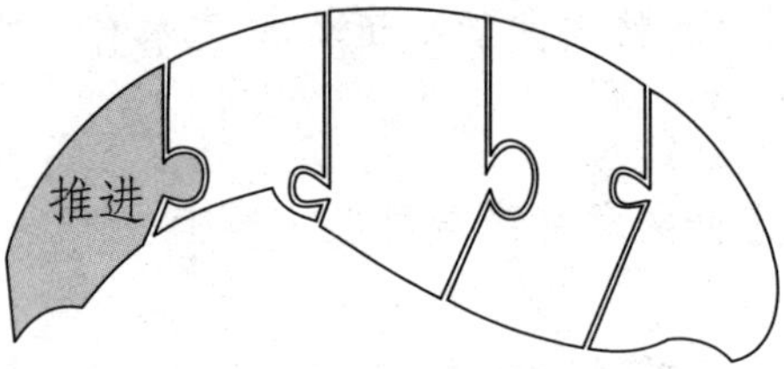

你能够列举几种你可能在一本知识类读物中找到的文本特点吗？	文本特点清单：
文本特点为什么在知识读物中得到应用？	解释文本特点的作用：
观察这些文本特点。解释它们的含义。（给出两个或三个已经学习的文本特点的例子。）	解释：
阅读段落。创建一种文本特点或画出一种文本特点的草图以代表信息。提供一小段信息类文本。	文本特点：

分享你的思考3（2）

姓名：________________________　日期：__________

提问/推测

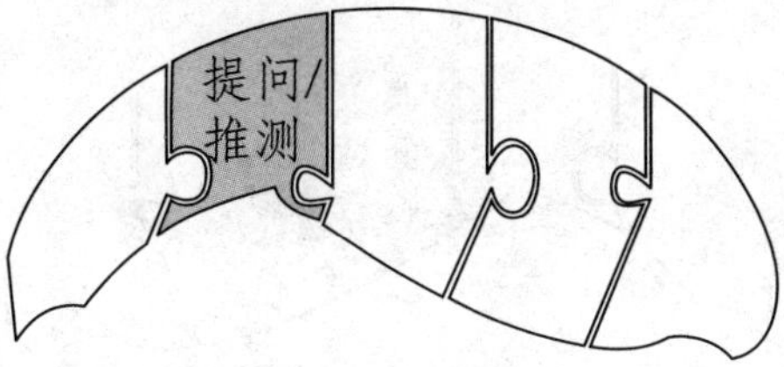

本篇文章的题目是什么？	题目：
将题目转化为一个问题。	由题目转化的问题：
开始阅读之前，你有哪些问题？	阅读之前的问题：
阅读过程中，你在思考哪些问题？	阅读过程中的问题：
哪些信息没有包括其中，你却正在思考？以“可能……”或“我认为……”为开头做出陈述。这个陈述并未出现在文章中，但却是你正在思考的内容。	推测：

分享你的思考3（3）

姓名：________________ 日期：__________

确定重点

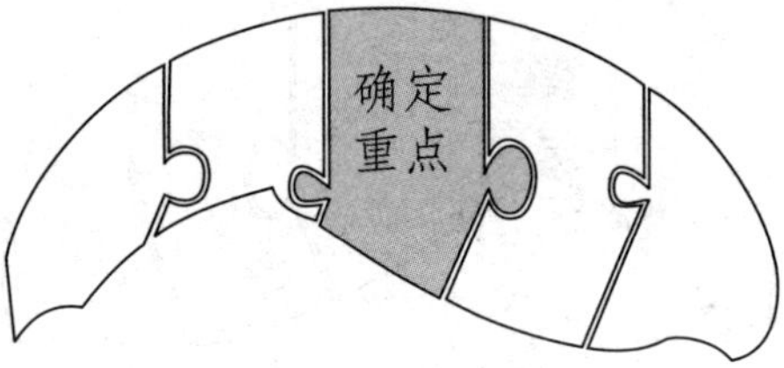

阅读者为什么需要能够确定知识读物中的重要信息？	解释：
什么是文本结构？ 你是否能够列举几种不同的文本结构？	解释：
本篇文章的文本结构是什么？ （给出一个短篇知识类读物文章。）	文本结构：
阅读这个段落。 选择6—8个你认为重要的关键词。	关键词：
使用关键词写出文章摘要。	摘要：
为文章中的重要信息快速画出一张草图并做出标识。	草图：
草图如何帮助你记忆重要信息？	解释：

分享你的思考3（4）

姓名：________________________ 日期：__________

联结

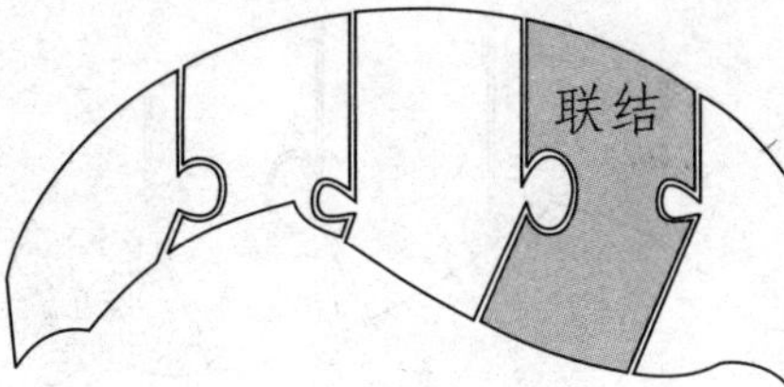

积极的阅读者会在阅读过程中进行联结。什么是联结？	解释联结：
你是否在阅读文章某个部分时发现自己正在进行个人联结？（给出一个短篇知识类读物文章。）	与个人经历建立联结：
你是否在阅读文章某个部分时，发现这些信息是你已经知道的信息？	与背景知识建立联结：
建立联结如何帮助你更好地理解这些信息？	解释：

分享你的思考3（5）

姓名：________________　　日期：________

转化

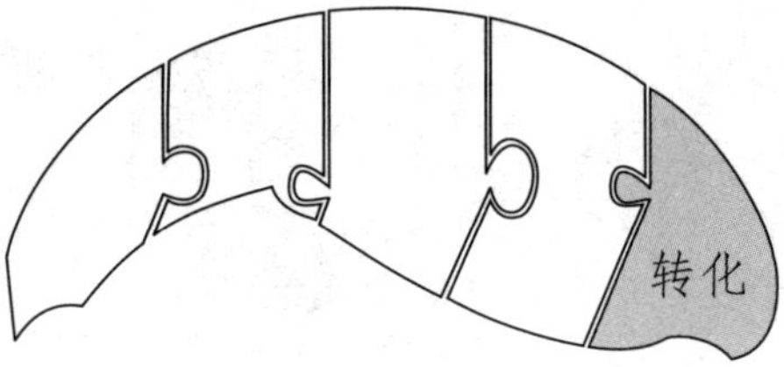

有时，阅读者的思维会受到阅读内容的影响而发生转变。这意味着什么？	解释转化：
你能够在这篇文章中找到改变你的思维的部分吗？你的思维发生了哪些变化？（给出一个短篇知识类读物文章。）	解释你思维中的变化： 最初我认为…… 但是现在我认为……
本篇文章的哪些观点会一直伴随你？	中心思想：
你认为作者为什么希望你阅读本篇文章？	原因：

知识读物阅读力评估指示

	出现阶段 未达到目标	开始阶段 接近目标	发展阶段 符合目标	良好发展阶段 完全符合目标	全面发展阶段 超出目标
推进 （文本特点）	能够指出特定页面中的文本特点	能够确定一些文本特点的名称，能够确定文本中的一些特点	能够确定几种文本特点，并能够从中获取一些信息。理解文本特点的目的	能够确定和集中文本特点，并能够从中获取一些信息。理解文本特点的目的。能够使用简单的文本特点代表信息	能够确定和集中文本特点，并能够从中获取一些信息。理解文本特点的目的。能够使用简单的文本表达信息。能够使用各种各样的文本特点阅读和代表信息
提问/推测	无法针对文本形成问题	在针对文本提问方面有困难，仅能够使用一个或两个词回答问题	能够针对文本提出简单问题，能够准确回答书面问题。能够做出一些简单推测	能够提出超出书面解释的、反应和激发推测并加深理解的问题。知道推测是在信息可能缺失时阅读者向文本添加的“可能”信息。问题和推测与主题相关	能够提出超出书面解释的、反应和激发推测并加深理解的问题。问题十分有见地，显示出对文本的深刻理解。知道推测是在信息可能缺失时阅读者向文本添加的“可能”信息。能够清晰解释什么是推测。推测全面周到，是文本、知识和经历支撑推测的证据。问题和推测与主题相关

（续表）

	出现阶段 未达到目标	开始阶段 接近目标	发展阶段 符合目标	良好发展阶段 完全符合目标	全面发展阶段 超出目标
确定重点	可能能够确定主题	能够确定主题，复述一些准确事实	能够确定主题，复述重要观点和一些细节。能够确定一些关键词	确定中心思想和关键词。能够用自己的语言做出总结。确定具体相关细节。正在发展对文本结构的意识	确定中心思想和关键词。能够用自己的语言做出总结。确定具体相关细节。正在发展对文本结构的意识。理解文本结构，能够确定不同文本结构
联结	无法针对文本进行联结	宣称能够进行联结，但是联结往往与意义或主题不相关	能够进行个人联结，阅读知识读物时能够与背景知识建立联结。联结与内容相关	能够进行T-S、T-T和T-W联结。能够说出联结如何加深理解（BIBB）	能够进行T-S、T-T和T-W联结。能够说出联结如何帮助加强理解。对与文本建立想象展示出深刻的理解，能够将这些联结带回文本，以加深理解
转化	无法确定新思维。可能能够复述，但是无法反思文本	能够区分"文本中的"思考和"头脑中的"思考。能够复述事实并对其做出反应	知道阅读者有时能够从阅读中发展新的观点。能够将一些阅读力应用到知识读物中。新的思维只有在获得新的事实时才得以展现	能够独立应用阅读力。知道转化是对某种事物崭新的思维方式。在阅读时显露出一些复述和反思的证据。能够说出反思文本的简单方法	能够独立应用阅读力。知道转化是对某种事物崭新的思维方式。在阅读时显露出一些复述和反思的证据。能够说出反思文本的简单方法。能够区分文本和思考。使用经历和文本确定增强含义和加深理解的新视角或观点

结语

> 聪明并不是与生俱来的——而是逐渐获得的。你通过阅读、写作、谈论、倾听和探索变得聪明；你通过思考变得聪明！
>
> ——斯蒂芬妮·哈维（国际阅读协会会议，亚特兰大，2008）

教授学生如何成为独立的战略型阅读者和思考者是我们的目标。阅读和理解信息类书籍已经成为我们借以航行的船舶。经证实，我们与学生共同开启的旅程有时充满挑战，有时令人满意，但是旅程终归与目的地同样重要。一旦靠岸，我们帮助学生走下船舶，为我们共同的路程画上句号。我们只能希望他们能够带着一切有助于成功阅读和思考这个世界的知识离开我们。

在教授阅读、反思、分享和学习支持学生理解的新方法的同时，你也在努力确保船只的平稳，你在确保自己拥有一批值得信赖的船员陪伴着自己，确保你已经十分仔细地研究地图、浪潮和天气，确保你知道你自己驶进的方向。能够与你们分享这个旅途的一小部分是一种荣幸。

译后记

译者对于文体研究并不陌生，毕竟在多年的教学中对于这一研究领域也多有涉猎，不过《阅读力：知识读物的阅读策略》的翻译委实不易。第一，国内并无太多的研究文献可供参考，对于一些关键概念的理解和解释在多数情况下只好依据原文上下语境关系进行判断，而书中所讨论的核心问题也往往在熟读之后才可以了然于心。第二，以虚构为依据对文本进行区分似乎出现于理论研究的情况多而出现于实际教学的情况少，而本书恰巧以实际教学情况为中心，以理论研究为辅助，思维方式的转变必然带来翻译过程的艰难。翻译之难也许尽人皆知，不过专业翻译之难恐怕只有译者本人最能解得其中之味吧。

如果任何一个翻译过程都是一个学习过程，那么译者的确在翻译过程中收获颇多。译者在翻译过程中也经历了初期的痛苦和迷茫、中期的忍耐和努力、后期的把握与理解，当作者的原意在中文翻译后得到展现之时，回报的欣喜顿时涌上译者心头。如果读者也可以通过后文翻译首先获得作者的思想，再与之进行交流与对话并最终产生自己的观点，本书的翻译则实现了其最终的目标。

译者在翻译过程中得到许多帮助。同良师益友的讨论曾经给译者以启发和灵感，他们或就概念阐明其含义，或就难句理清其脉络，或就问题解释其要义，译者在此一并致以感谢。此外，几位学生主动承担了英文书目的整理工作，这项工作非常烦琐，他们为此付出许多时间和巨大的努力，译者对他们也怀有深深的谢意。

译者知识有限，翻译中必有不当之处，恳请读者在阅读过程中不吝赐教。